U0001149

護生畫集圖文賞析（四）

天地好生

豐子愷 畫
朱幼蘭 書
林少雯 著

〔推薦序〕

重讀《護生畫集》的美好經驗

林良

漫畫大師豐子愷的《護生畫集》，一九八一年臺北純文學出版社曾經印製全套六集，在書市流通，為讀者所喜愛。我很有福氣的竟能獲贈一套。書寄到的日子，我不停的向郵差先生致謝。他竟詫異的問：「是寶物嗎？」

從小學時代就喜愛豐子愷漫畫的我，匆匆翻開第一集，幾頁之後，就看到我童年曾經被深深打動的一幅畫：「拾遺」。儘管當時我已經五十多歲，竟好像是又回到小時候，和小小的遊伴在異地重逢。

「拾遺」是宋代詩人蘇軾所寫的一首詩，一共是四句：「鉤簾歸乳燕，穴牖出痴蠅；愛鼠常留飯，憐蛾不點燈。」童年受限於不認識「牖」字，也看不懂書法家所寫的「痴」字，所以第一、二句背不下來。但是後面的第三、第四句，因為很口語化，只讀兩遍就背下來了。我所以能看懂全詩，主要靠的竟是豐子愷的生動插畫。

全詩的意思是：鉤起廊上的簾子，好方便小燕子回到簷下的鳥窩；在窗紙上挖個洞洞，好讓無知的蒼蠅進出；為了愛護老鼠，特地為牠留些剩飯；為了憐憫撲火的飛蛾，夜裡索性不點燈。

讀到這樣的內容，我一時發起楞來。一方面是我的心被打動了，變柔軟了；另一方面是深深感到佛家胸襟的開闊和偉大，自己也開始有了「尊重生命」的思想。這個童年閱讀《護生畫集》的經驗，深深藏在我心中，一直沒有忘記。

不久以前，本書作者林少雯女士寄給我一份影印文件，原來是她的新作《護生畫集圖文賞析》的書稿。她在來信中邀我為她這本新書寫一篇序。理由是我過去也曾經為她的兩本有關自然生態保育的書寫過序。為了不辜負她的美意，我只有答應。更何況，她這本書恰好又喚醒了我童年閱讀《護生畫集》的一些舊經驗以及面臨過的困境。她的這本書有新的安排，新的做法，對喜愛《護生畫集》的讀者幫助很大。

第一，她把書法家所寫的詩文還原成楷體字，使我們既能欣賞書法家美妙的筆法，又能認讀書法家所寫的每一個字。然後，她解釋畫意，讓我們不但能了解豐子愷畫的是什麼，還能留意到豐子愷想表達的思想又是什麼。最後她引用佛家的思想互相印證，說明了豐子愷的思想和佛家思想的密切關係。

正如書名提到的，這是一本對《護生畫集》的賞析，也是一本對《護生畫集》的導讀，值得向喜愛《護生畫集》的讀者介紹。

這就是我想說的話。

（本文作者為知名兒童文學作家，曾任《國語日報》社長、董事長）

〔推薦序〕

弘公護生，千秋偉業——學習弘一大師的認眞作風

豐一吟

臺灣佛光山星雲大師，在我心目中跟弘一大師一樣都是高僧。星雲大師在臺灣建造佛陀紀念館，恢弘的建築，呈現佛陀的教義和佛陀的教化，這種以佛教教義來規劃的格局，以建築來說法，是佛館的特色。佛館目前已成為臺灣新地標，更是世界佛教的新地標。

佛館風雨走廊的外牆，以我與星雲大師結緣臨摹父親豐子愷的彩色護生畫七十多幅，請當代著名藝術家製成浮雕畫，給蒞臨佛館禮佛、參觀遊覽，或校外教學的學子們，當作生命教育的教材，讓人產生慈悲心，進而惜物、護生、戒殺，這種尊重生命的教育，正是現代社會最需要的。

今年是弘一大師一百三十二歲誕辰，也是他圓寂七十週年紀念。弘公和我父親合作的《護生畫集》，在臺灣有玄奘大學學生林少雯居士，作為她碩士論文的研究題材。這樣全面研究《護生畫集》的屬她為第一人。林少雯居士在星雲大師所辦的《人間福報》亦撰寫專欄，將護生畫一則一則加以賞析，平易近人的文字，深入淺出，讓更多人可以了解護生畫的內容，

增長善種子，長養慈悲心。

弘一大師和我父親師生合作的《護生畫集》共六冊，從一九二九年一直出版到我父親去世後的一九七九年，整整半個世紀！

這部畫集是我父親為祝弘一大師五十歲至一百歲的整壽而作的，從五十幅、六十幅……一直畫到一百幅。總共四百五十幅。（字畫原稿共九百件，今收藏在浙江省博物館。）頭兩冊是弘一大師自己題字，後四冊分別由葉恭綽、朱幼蘭（第四、六冊）、虞愚題字。幾乎在全世界發行。

關於這些，佛教界的人士都知道，我就不必細說了。

今天，我想重提的就是大師為人處世、對待工作的認真態度。別的不說，單就《護生畫集》而言，其認真就使我吃驚。從版面大小、攝影方式、封面設計、裝訂方法、題材內容、排列順序、寄遞辦法，一直到發行對象，他無不關心。從一九二八年弘一大師與李圓淨居士和我父親的通信中可以清楚的看到這一切。

關於父親作畫的大小，弘一大師在八月廿一日致李圓淨、豐子愷兩居士的信中說：「對照之詩，所占之地位，應較畫所占之地位較小，乃能美觀。（至大，僅能與畫相等。）萬不能較畫為大。若畫小字大，則有喧賓奪主之失，甚不好看。故將來書寫詩句之時，皆須依一一之畫幅，一一配合適宜。至以後攝影之時，即令書與畫同一時、同一距離攝之，俾令朽人所配合大小之格式，無有變動。」九月初四給我父親的信中又說：「畫稿之中，其畫幅大小，須相稱合。如〈!!!〉一幅，似太大。〈母之羽〉一幅，似稍小。仁者能再改畫，為宜。雖將來攝影之時，可以隨意縮小放大，但終不如現在即配合適宜，俾免將來費事。且於朽人配寫文字時，亦甚蒙其便利也。」

現在一般人對於字體大小，並不在意。有人囑我題字，總是說：「大小隨意，反正可以放大縮小。」那是因為現在的出版技術發達了。（儘管如此，我因書法功底差，小字放大很難看，只能適當寫大一點。）而在當時的出版條件下，弘一大師的考慮決不是多餘的。

關於封面設計，弘一大師也有詳細的指示。他在八月十四日給我父親的信中說：「畫集雖應用中國紙印，但表紙（即封面——吟按）仍不妨用西洋風之圖案畫，以二色或三色印之。至於用線穿訂，擬用日本式。……係用線索結紐者，與中國佛經之穿訂法不同。朽人之意，以為此書須多注重於未信佛法之新學家一方面，推廣贈送。故表紙與裝訂，亟須新穎警目。俾閱者一見表紙，即知其為新式藝術品，非是陳舊式之勸善圖畫。倘表紙與尋常佛書相似，則彼等僅見《護生畫集》之簽條，或作尋常之佛書同視，而不再披閱其內容矣。故表紙與裝訂，倘能至極新穎，美觀奪目，則為此書之內容增光不小，可以引起閱者歡喜之興味。」

讀了這封信，更使我敬佩弘一大師的多才多藝。他不僅擅長書法、音樂、詩詞、文章、金石、戲劇、美術，還擅長裝幀藝術。他在《太平洋報》上就發表過不少裝幀作品。看來他對裝幀藝術是有過一番研究的。

至於《護生畫集》的題材內容，弘一大師更是煞費苦心，再三斟酌。他有時囑我父親重畫，有時囑增畫，有時囑取消，有時囑修改畫題，有時囑重新排列。弘一大師主張：此畫集為通俗之藝術品，所以「應以優美柔和之情調，令閱者生起悽涼悲憫之感想……，若紙上充滿殘酷之氣，而標題更用〈開棺〉、〈懸梁〉、〈示眾〉等粗暴之文字，則令閱者起厭惡不快之感，似有未可。」他認為「優美之作品似較殘酷之作品感人較深。因殘酷之作品僅能令人受一時猛烈之刺激。若優美之作品，則能耐人尋味，如食橄欖然。」又說，「殘酷之作品，雖亦選入三、四幅，然為數不多，雜入中間，亦無大礙。」弘一大師不僅囑我父親修改畫幅，他自己的詩作，也幾經修改，才確定下來。

《護生畫集》初集的畫，本來只有二十幾幅，而且起初名為《戒殺畫集》。後來才改名《護生畫集》，並增加到五十幅，為弘一大師祝五十大壽，這中間是如何變遷的，我尚未找到資料。讀者有知情者，還望賜教。

關於寄遞方式，弘一大師也考慮得很周到。他再三關照，必須用雙掛號寄，而且不要陸續寄，要合併聚集為一包。將來寄回時，也合併為一包，「由杇人親身攜往郵政總局，雙掛號寄上，決不致有錯誤。」有一段時期，寄遞頗費周折。弘一大師住在溫州江心寺，函件須存放在某豆腐店，待工人等買豆腐時領取。弘一大師擔心「豆腐店中人等，及工人等，皆知識簡單，少分別心。雖有雙掛號之函件，彼等亦漠然視之，不加注意。以是之故，雖雙掛號，或亦不免遺失。因郵局之責任，僅送至豆腐店為止，以後即不管也。」弘一大師為這件事認真的擔心。他要我父親確實打聽，是否有舊上海藝術師範畢業生二、三人在溫州第十中學任教？可否託他們代收後親自送往江心寺？弘一大師再三強調：「總之，此事甚須注意，乞仁等詳酌之。」考慮得如此周到，令人歎佩！如果現在要寄遞畫稿，只須複印一份留底，多麼方便！當時可辦不到啊！

最後，發行對象又使弘一大師煞費苦心。他在八月初三給李圓淨居士的信中說：「凡老輩舊派之人，皆可不送或少送為宜。因彼等未具新美術之知識，必嫌此畫法不工，眉目未具，不成人形。又對於朽人之書法，亦斥其草率，不合殿試策之體格（此書贈與新學家，最為逗機。如青年學生，尤為合宜。至尋常之寺院，及守舊之僧俗，皆宜斟酌送之）。」

弘一大師畢竟了解自己的學生，他稱我父親的漫畫為「眉目未具，不成人形」，可謂子愷漫畫之知音。在當時，這種漫畫太新派，為許多舊派人所不欣賞。他的擔心不無道理。弘一大師自己的字，在當時也屬新派。兩者恐不宜為時人所接受。所以弘一大師連發行對象都慎重考慮而作了指定，可謂用心良苦。

重讀這些書信，感想頗多。總的來說，從《護生畫集》的創作到贈送對象，無不貫穿著「認真」二字。

父親一直稱頌弘一大師做事認真，做一樣，像一樣。原來在編寫《護生畫集》一事上，弘一大師也是這麼認真。我真是佩服得五體投地！

佛陀紀念館以建築說法，《護生畫集》以畫說法，如今佛光山香海文化將出版林少雯居士所撰寫的《護生畫集圖文賞析》，以此文為序。

（本文作者為豐子愷之女，俄文翻譯家、畫家、文史研究者）

林少雯與豐一吟合影於上海（2012.10）

〔自序〕

與《護生畫集》情深緣也深

三十年前拜讀過《護生畫集》，畫集中淺顯的佛理、熟悉的儒道思想、詩詞的文學情境、繪畫的特殊風格、書法的別具特色都深深打動我的心。

幾年前又細讀了由洪範書局出版的四集《豐子愷文選》，溫柔敦厚和自然細膩的筆觸也深深撼動我的心靈。如此一位文采畫采皆美的作家和畫家，確實令人著迷。

我二〇〇七年就讀玄奘大學宗教研究所，有一天在打坐中腦際閃過弘一大師的影像，這個靈感加上不久前剛讀過豐子愷的散文，於是指引我去研究與弘一大師和豐子愷相關的論文，那無疑的就是《護生畫集》了。此時我素食已十多年，而以「慈悲心」和「護生戒殺」為主題的《護生畫集》，更加深獲我心。

就這樣，我以「豐子愷《護生畫集》體、相、用之探討」為題，寫了篇十八萬字的論文，針對《護生畫集》的外在表現形式：包括創作理念、傳播媒介、繪畫風格技巧、文人畫、簡筆畫、題材、書法等；及內涵的思想與意境：包括文學美、及佛教、儒家、道家、道教等的哲學思維、生態倫理、童心童趣、親子教育、護生戒殺思想、藝術價值、教育及美學思想等加以全面闡述。

論文完成後總覺意猶未盡，我開始一幅幅賞析此「以畫說法」、「護生護心」的《護生畫集》，於《人間福報》發表，由於賞析文字廣受歡迎且得到各方關注，因此結集由香海文化出版。

此為序。

二〇一二年十月二十二日・於杭州・希言樓・稀雲軒

〔原版序〕

釋廣洽《續護生畫集》序

一九四八年秋余返廈門，適值子愷居士客居古城西路一高樓上，為弘一大師七十冥壽作護生畫第三集。其間時相過從。不久畫成，子愷居士攜稿返上海付印，臨別告余曰：十年後當再作第四集八十幅，深恐人生無常，世事多磨，今後當隨時選材，預先作畫，絡續寄奉，乞代保存，並加督促。余應其請。歲月如流，匆匆已歷十年。且喜彼此無恙，而檢點畫幅，恰滿八十。此真所謂勝願必遂，有志竟成者也。亟請朱幼蘭居士書寫詩文，十方信善喜捨淨財，刋印此護生畫第四集，敬祝弘一大師八十冥壽。時一九六零年農曆九月二十日，即弘一大師實齡八十誕辰。

釋廣洽謹識於星洲薝蔔院

前言

何其有幸，世間能有弘一大師和豐子愷師生合作繪製的藝術珍品《護生畫集》。

・豐子愷與弘一大師

「中國漫畫之父」豐子愷，是五四文學運動、抗日、國共之爭以及文革等動亂時代中一位多才多藝的文人。他集畫家、文學家、美術家及音樂教育家於一身。師承於弘一大師，佛教思想貫穿他的一生，《護生畫集》可以說是豐子愷佛教思想的代表作；此畫集以詩、文、書、畫等幾種藝文意境展現出豐富層次，呈現深厚的人文關懷、濃厚的文學色彩、中國傳統儒家、道家、道教、佛家的哲學思維、生態倫理觀、童心童趣以及親子教育和教化的特色，被星雲大師視為最佳的生命教育教材。

弘一大師未出家前曾在浙江省立第一師範學校教音樂和美術。一九一四年，十七歲的豐子愷成為他的學生。豐子愷用四十六年的時間繪製《護生畫集》六冊，四百五十幅圖文。圓了弘一大師以「藝術作方便，以人道主義為宗趣」的文字般若；也圓了自己「以畫說法」，長養大眾慈悲心的心願。《護生畫集》所說的法即「護生」。其「護生」的宗趣強調的是「護心」，即「去除殘忍心，長養慈悲心，然後拿此心來待人處世。」

・創作緣由

一九二八年豐子愷與弘一大師合作《護生畫集》，共五十幅字畫，恭祝大師五十歲生日。此後展開長達半世紀的創作，至弘一大師百歲冥誕。畫集由弘一大師親題詩文（第一、二集），當代書法名家葉恭綽、朱幼蘭、虞愚等的題詩（三至六集）。還有馬一浮、李圓淨等的序文；每位大師的用筆、墨趣、字體和風格各異，使畫集成為藝術精品。畫集流布後被譯為各國文字，影響深遠，許多閱畫者因此而素食，其發揮的效應已超越弘一大師的期望。

・豐富且多層次的意趣

此畫集以圖畫述說護生故事，描繪動物生活、類人情感、行為、愛生畏死的心、歌頌動物重情重義的道德感，如孝行、友愛……等，令人生出愛憐、同情和慈悲心。以古詩入畫，詩中有畫，畫中有詩，呈現豐富的文學內涵。豐子愷又擅於借物喻情，筆下一草一木，一石一鳥都充滿了生命的美善和情義，展現對人、對自然、對動物和對生命的尊重及深切的關懷。

思想內涵和生態觀方面，引用《詩經》、《論語》等古籍中的仁愛、慈孝、萬物一體等儒、道思想和自然觀，及護生、戒殺、慈悲、等佛學義理和生態環境倫理觀。內容充滿童心童趣，如以動物為主角，讓孩童借鑑並反省讓從小養成「殺機」的日常遊戲。《護生畫集》涉及宗教學、民俗學、社會學、語言學、文學、藝術等，已成為人類學研究的珍貴資料。

目錄

㲉弱故反之

景公探雀鷇，鷇弱故反之。晏子聞之，不待請而入見，景公汗出惕然。晏子曰：「君胡為者也？」景公曰：「我探雀鷇，鷇弱故反之。」晏子逡巡北面再拜而賀之：「吾君有聖王之道矣。」景公曰：「寡人入探雀鷇，鷇弱故反之，其當聖王之道者何也？」晏子對曰：「君探雀鷇，鷇弱故反之，是長幼也，吾君仁愛，禽獸之加焉，而況于人乎！此聖王之道也。」

說苑

景公探雀鷇，鷇弱故反之。晏子聞之，不待請而入見，景公汗出惕然。晏子曰：「君胡為者也？」景公曰：「我探雀鷇，鷇弱故反之。」晏子逡巡北面再拜而賀之：「吾君有聖王之道矣。」景公曰：「寡人入探雀鷇，鷇弱故反之。其當聖王之道者，何也？」晏子對曰：「君探雀鷇，鷇弱故反之，是長幼也，吾君仁愛，禽獸之加焉，而況于人乎！此聖王之道也。」

說苑

／鷇弱故反之

這是一幅齊景公愛惜幼鳥的歷史故事。

齊景公，是春秋時齊國的國君。齊景公和國相晏嬰之間有許多膾炙人口的故事。晏嬰被後世人尊稱其為晏子，是春秋後期齊國著名的政治家、思想家和外交家，一生侍奉齊靈公、齊莊公、齊景公三位國君，輔政長達四十餘年。他以生活節儉，謙恭下士著稱於世。

此幅畫中，景公提著竹籃，登梯爬樹，為的是想捉樹上的小鳥來玩樂。他爬上樹，發現巢內的小鳥，還不能自行覓食，尚需要母鳥餵養。他心想，這小鳥玩不得，沒有母鳥餵牠食物，很快就會餓死，他心中慈悲心生起，於是將小鳥放回巢中。

晏子聽說了這件事，就主動進宮求見景公。景公見到晏子，感到有點憂慮和警惕。因為晏子每見景公有不符合君主的行為，都會好言進諫。像以前有一次，景公想為死去的愛犬訂做棺木，並舉行隆重的葬禮，就被晏嬰勸阻。景公的愛馬暴斃，他憤怒地下令將馬夫處死並肢解，也被晏嬰勸阻；他心想我今天爬樹捉小鳥，怎麼晏嬰這麼快就知道了？這位諫臣是不是又要數落我什麼了？驚得他出了一身汗哩！

晏嬰果然請問景公：「國君啊，您為什麼要將幼鳥放回巢中呢？」景公回答：「這些鳥太小了，所以放回巢中。」晏嬰向後退了幾步，面著北方以臣子之禮跪拜景公，說道：「吾君有聖王之道矣。」景公問他：「寡人探視雀巢，小鳥太過幼小，寡人將牠放回巢中，這與聖王之道有什麼關係呢？」晏嬰回答說：「國君您探視雀巢，小鳥太過幼小，君主放過牠，此舉可以讓幼小的鳥有機會長大，君主啊！您的仁愛之心，能加之於禽獸，何況人乎！這就是聖王之道啊！」

以這則故事來看，齊景公是一位仁愛的國君。景公是為政者，能仁民愛物，他善愛人民推及萬物，這符合了儒家思想。《孟子盡心・上》云：「君子之於物也，愛之而弗仁；於民也，仁之而弗親，親親而仁民，仁民而愛物。」荀子《天論》中亦云：「養備而動時，則天不能病。」這是儒家的生態倫理觀。又云：「列星隨旋，日月遞照，四時代御，陰陽大化，風雨博施，萬物各得其和以生，各得其養以成。」更顯示了儒家對於生物權利的主張，即順其自然生長，這是一種仁愛的思想。

「轂弱故反之」，強調的是景公愛惜幼小生物，讓其有機會成長，這種慈悲仁愛的表現，符合聖王的條件。

舊雨重逢

陳州倅盧某畜二鶴甚馴。一創死。一哀鳴不食。盧勉飼之。乃就食。一旦。鳴繞盧側。盧曰：尒欲去。不尒羈也。鶴振翮雲際。数四徊翔。乃去。盧老病無子。後三年。歸臥黃蒲溪上。晚秋蕭索。曳杖林間。忽有一鶴盤空。鳴聲淒斷。盧仰祝曰：若非我陳州侶耶？果尒。即當下。鶴竟投入懷中。以喙牽衣。旋舞不釋。遂引之歸。後盧歿。鶴亦不食死。家人瘞之墓左。

虞初新志

陳州倅盧某畜二鶴甚馴，一創死，一哀鳴不食，盧勉飼之，乃就食。一旦，鳴繞盧側，盧曰：「爾欲去，不爾羈也」。鶴振翮雲際，數四徊翔，乃去。盧老病無子，後三年，歸臥黃蒲溪上，晚秋蕭索，曳杖林間。忽有一鶴盤空，鳴聲淒斷，盧仰祝曰：「若非我陳州侶耶？果爾，即當下。」鶴竟投入懷中，以喙牽衣，旋舞不釋，遂引之歸。後盧歿，鶴亦不食死，家人瘞之墓左。

虞初新志

／舊雨重逢

這幅漫畫，述說的是一個人與一隻鶴之間感人肺腑的故事。這則故事取材自《虞初新志》，虞初，是漢武帝時一位方士。此書，是清初的短篇文言小說集，由張潮編輯，收集明末清初諸家文集，共二十卷。《虞初新志》中有魏禧的《姜貞毅先生傳》、陳鼎的《烈狐傳》、徐喈鳳的《會仙記》、王思任的《徐霞客傳》、吳偉業的《柳敬亭傳》、侯方域的《郭老僕墓志銘》、王士禛的《劍俠傳》、彭士望的《九牛壩觀牴戲記》等作品，書中所述大多為真人真事。

此幅漫畫中的男子，是陳州地方的副官盧某，他養了兩隻鶴，非常溫馴，很得他的喜愛。有一隻鶴不幸受傷死了，另一隻悲傷得不斷哀鳴，甚至不肯進食。盧某見了心中不忍，溫言軟語地勸撫傷心的鶴，還親自餵牠，那隻鶴才願意吃點食物。有一天，那隻鶴不停鳴叫著，在盧某的身邊徘徊不去。似乎想要離去，又萬般捨不得。

「你想離開了，那就去吧！我不留你，你飛到想去的地方吧！」鶴聽了主人的話，振翅飛起，飛入雲間，但又幾次飛下來，依依不捨地在主人身邊盤旋，好一陣子才離去。

心愛的鶴，一隻死了，一隻離他而去，只剩盧某孑然一身。他年歲已大，身體漸漸衰弱，又老又病，又無子嗣，晚境堪憐。過了三年，他返回故鄉，在黃蒲溪邊的老家養病。適值深秋時節，林木枯萎，落葉飄零，景色蕭索，盧某拄著手杖在林間漫步，獨自感懷著這暮秋的肅殺景象。

此時，他忽然看見一隻鶴凌空而降，在他上空徘徊，鶴鳴叫的聲音異常地淒厲，並且斷斷續續地，似乎在對盧某說著什麼？盧某心中一驚，忽地想起……這隻鶴，莫非是……，他仰起頭愉悅地對鶴說道：「鶴啊！你是我在陳州時候的那位好友嗎？如果是，你就飛下來吧！」

那隻鶴果然飛了下來，投進盧某懷中，以長長的喙，去拉盧某的衣服，表現出無比親熱地感情，還興奮地在盧某身邊不停地旋轉飛舞。盧某好開心，舊友能重逢，讓他感到驚喜，便很歡喜地將鶴帶回家中飼養。過沒多久，盧某年老病逝，此鶴亦悲傷欲絕不肯進食而死。親友們將鶴葬在盧某的墓旁，讓牠陪在長眠的主人身邊。

多麼感人的故事啊！人跟鶴的感情彌篤，更甚於人與人之間的情誼。盧某與此鶴的緣分很深，告老還鄉後，竟還能與離他而去的鶴重逢，人與鶴團圓，似老友，更情同家人，一起過生活。那份人鶴之情，實在叫人感動。

盧某與鶴之間，或許已有幾世情緣，有好緣，能相聚，這也是輪迴中的因果牽引所致。

焚弓折箭

休寧張村民張五，以弋獵為生，家道粗給，嘗逐一麑。麑將二子行，不能速，遂為所及。度不可免，顧田之下有浮土，乃引二子下，擁土培覆之，而自投于網中。張之母遙望見，奔至網所，具以告其子。即破網出麑，并二雛皆得活，張氏母子相顧，悔前所為，悉取置罘之屬焚棄之，自是不復獵。

夷堅志

休寧張村民張五，以弋獵為生，家道粗給，嘗逐一麑。麑將二子行，不能速，遂為所及。度不可免，顧田之下有浮土，乃引二子下，擁土培覆之，而自投于網中。張之母遙望見，奔至網所，具以告其子。即破網出麑，并二雛皆得活，張氏母子相顧，悔前所為，悉取置罘之屬焚棄之，自是不復獵。

夷堅志

／焚弓折箭

這幅「焚弓折箭」的漫畫，取材自《夷堅志》。《夷堅志》是宋朝著名筆記體志怪小說集，南宋洪邁撰寫。內容記述宋代諸多的城市生活、人文掌故、奇聞趣事，內容涉及三教九流、宗教信仰、諸子百家，搜羅廣泛，卷帙浩瀚。特別的是書中還收有大量傳統中醫藥篇章。

此幅漫畫中，一位男子正折斷手中的箭，而配此箭的弓，已被他投入前方的火燄中焚燒。男子後方有一隻母鹿，帶著二隻幼鹿，正遲疑地離開。用遲疑來形容母鹿，是從母鹿的眼神中所見，從母鹿的肢體動作中，似乎可以看出牠正從死神手中脫逃，眼神的驚疑尚未平復。

看圖說話就能知曉這是個感人的故事。故事中的男子，是一位獵人，名叫張五，是休寧縣張村人士。他以打獵為生，日子不算富有，但尚過得去。有一天，他在離家不遠的地方追逐一隻母鹿。這隻母鹿因為身邊還帶著兩隻小鹿，所以走不快，不一會兒就被張五追到了。母鹿估計自己絕對逃不過獵人的追捕，於是想辦法要保護小鹿，牠四顧所及，見到田地下方有一處鬆動的土堆，於是將兩隻小鹿引導到土堆中，並扒開泥土，將土覆蓋在小鹿身上，欲將小鹿藏於土中，自己則勇敢的出來自投羅網，準備就死。

張五的母親，在家附近，遙遠地見到兒子在追逐鹿，也看到母鹿為了護子而做的動作，同樣都為母親，張母心中一動，為即將被捕的母鹿著急，因為母鹿若被捕，失去母親撫養和保護的小鹿，很快就會死亡；張母慈悲心起，立刻快步奔跑到兒子所設的羅網前，將看見母鹿護子覆土的情況告訴兒子，並曉以大義。張五聽母親這一說，相當感動，也被母親的慈心打動，因此將羅網打開，放出母鹿，母鹿和兩隻小鹿因而得以活命。

看著驚惶失措的母鹿，帶著小鹿離去的背影，張氏母子被母鹿護子的愛心所感動，你看我，我看你，非常後悔之前獵捕動物的所作所為，於是將捕獸的羅網和弓箭等，都投入火中焚燒，從此不再打獵。

一頭母鹿犧牲自己並護子的愛心，能打動以捕獵維生的鐵漢，讓鐵漢的心都軟化了，真是感人！母愛確實偉大！張母亦為人母，感同身受。一頭母鹿，讓一家獵戶放下屠刀，從此改變了謀生的職業。愛和慈悲的力量，真是無限大啊！

相敬如賓

湯鄰初煥，佐郡江右，在任生女及週，郡人饋以鵞，頸為盒擔壓折，折成之字，憐而畜之，後罷郡歸，親黨又饋以鵞，乃缺一掌者，亦憐而畜之，一雌一雄，遂成配偶。雄曰烏郎，雌曰蒼女，呼其名即應聲至，行則讓缺掌者先，食則折頸者先。畜至三十餘年，迨湯夫人歿，二鵞哀號數晝夜，絕食，死于柩下。

虞初新志

湯鄰初煥，佐郡江右，在任生女及週，郡人饋以鵞，頸為盒擔壓折，折成之字，憐而畜之，後罷郡歸，親黨又饋以鵞，乃缺一掌者，亦憐而畜之，一雌一雄，遂成配偶。雄曰烏郎，雌曰蒼女，呼其名即應聲至，行則讓缺掌者先，食則折頸者先。畜至三十餘年，迨湯夫人歿，二鵞哀號數晝夜，絕食，死于柩下。

虞初新志

／相敬如賓

乍看這幅護生畫，見到畫中一隻鵝，長長的脖子歪七扭八的，閱畫者一定感到驚訝。鵝的脖子，可是美的象徵；鵝走起路來搖搖擺擺、威風八面，就是因為有了昂揚的脖子，這可是鵝身上美麗又重要的身體語言。但畫中這隻鵝的脖子卻是歪扭的，一定是有緣故的。這鵝脖子已經夠吸引人，再加上「相敬如賓」的畫題，更添了這幅畫的故事性。

這隻鵝的故事，來自於牠慈悲的主人湯鄰。湯鄰是明朝時候的一位地方首長，清廉又很得人望。他到任履新後，在他任上，夫人生了一位千金，地方上的人贈送了一隻鵝為他慶賀。這隻鵝，在運送途中，不知怎地，頸子被一旁擺放的盒子擠壓到，一路上都沒人發覺，送到官邸時，已被壓傷，並壓折成了「之」字。湯鄰一看，嚇了一跳，看鵝傷成這模樣，覺得挺可憐地，令他生起慈悲心，因此也就飼養著，沒將牠宰殺。

後來湯鄰任期屆滿，要回歸鄉里時，親朋們又送了他一隻鵝。這隻鵝也忒奇，竟缺了一隻腳掌，湯鄰見著也覺得很不忍，感到憐惜，又將鵝飼養起來。

來到湯府的這兩隻鵝，剛巧一雌一雄，正好配成了對。湯鄰疼惜這兩隻鵝，將牠們當成家人般對待，還幫牠們取了名字，雄的叫「烏郎」，雌的叫「蒼女」，家人只要一呼叫鵝的名字，牠們聽到了都會立刻應聲而至。

這對鵝夫妻，不但非常恩愛，而且還相敬如賓；湯鄰觀察牠們的生活情形，見到鵝夫妻的相處和互動，令他感佩萬分；只見牠們行走時，缺掌的鵝走起路來一跛一跛的，速度慢，牠的配偶總是讓牠先行；而進食時，歪脖子的鵝，吞咽比較費勁，牠的配偶總是讓牠先吃。鵝夫妻如此相互禮讓和照顧，真情感人。讓湯鄰更加疼愛牠們。

這兩隻鵝被湯家飼養了三十多年，一直到湯夫人去世，鵝夫婦連著好幾天日夜悲悽哀號，而且不肯進食，終於絕食而亡，就死於在湯夫人的靈柩下。

真是感人至深的仁愛慈悲和動物感應的故事，湯鄰和家人以仁愛對待鵝，鵝也全心回報，哀慟而死。人和鵝之間的相知相惜，真是無法以筆墨形容！像這樣有靈知的鵝，可能是由人道投生至畜生道的，因此才特別有靈性。

收養

村陌有狗子為人所棄者。張元見之，即收而養之，其叔父怒曰：何用此為？將欲更棄之。元對曰：有生之數，莫不重其性命。若天生天殺，自然之理。今為人所棄而死，非其道也。若見而不收養，無仁心也，是以收而養之。叔父感其言，遂許焉。

周書

村陌有狗子為人所棄者，張元見之，即收而養之，其叔父怒曰：「何用此為？」將欲更棄之。元對曰：「有生之數，莫不重其性命。若天生天殺，自然之理。今為人所棄而死，非其道也，若見而不收養，無仁心也，是以收而養之。」叔父感其言，遂許焉。

周書

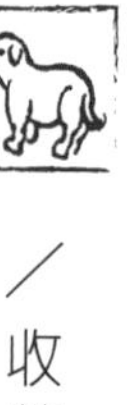

／收養

「收養」，這幅漫畫，子愷先生畫得可愛極了。

看官，您看看畫中那隻小小的狗兒，肥嘟嘟地，像頭小豬似的，非常討人喜歡。因為外型可愛好看，被人棄養在路邊，連路人見了都好喜歡，立刻生起慈悲心，想要抱回去收養。

這位路人叫張元，看官，您看那那畫中的張元，長得方面大耳，一表人才，而且慈眉善目，還面帶著笑容，那笑容多麼慈愛親切，讓人從他臉上的表情即能一眼看出他是一位善良又有愛心的人。

有一天，張元外出，經過村外的小路，發現路邊有一隻小狗，但是附近見不到人影，也沒人家居住，找不到主人。他心想這小狗不可能是自己跑到這荒郊野外來的，想必是被主人棄養了。

牠抱起小狗，憐憫地撫摸著那柔軟溫暖的身子，想到這小狗若沒有人餵食的話，很快就會餓死的。他看著小狗可愛可憐的模樣，一時生起無限同情，當下決定要收養小狗，於是就抱著小狗回家。

叔父見到張元抱著小狗回來，很生氣地說：「要這隻小狗幹什麼？」叔父說著，想將小狗丟掉。

張元緊緊抱住小狗，安撫牠。並對叔父說：「自然界萬物凡是有生命的，總是貪生怕死，珍愛自己的性命。自然的生長，自然的死亡，那是命之所至，順應天理。但是這隻小狗，被主人棄養於路旁，沒人餵養就會活活餓死，這是不應該也不合理的，若是見死不救，仁心何在呢！所以我才將牠帶回來，準備收養牠。」叔父聽張元這麼說，深受感動，也同意他收養小狗。

張元以仁心打動叔父。仁，是儒家思想的核心。儒教教人溫良恭儉，佛教勸人慈悲為懷，孟子也說：「惻隱之心，人皆有之」。這些思想都深入人心，對人產生顯著的影響。

在傳統儒教中，認為仁者人也，親親為大。意思是說：「仁的意思是愛人，指的是孝敬父母，慈愛孩子，友愛兄弟。」但是儒家還提倡「親其親，子其子」、「老吾老以及人之老，幼吾幼以及人之幼」等思想。

仁者，人也，是一種人道主義。這種思想能推及萬物。

母子

無錫北門外冶坊有王仙人者，自言嘗得一獼猴，高不過六七寸，與老母雞同宿。猴索食，雞啄庭中蟲蟻哺之。猴亦將所食果栗與雞。久之，竟成母子。猴每夜宿，雞必以兩翼覆護，以為常也。大凡覆育之恩，雖禽獸亦知之。

梅溪叢話

無錫北門外冶坊有王仙人者，自言嘗得一獼猴，高不過六七寸，與老母雞同宿，猴索食，雞啄庭中蟲蟻哺之，猴亦將所食果栗與雞，久之竟成母子，猴每夜宿，雞必以兩翼覆護，以為常也。大凡覆育之恩，雖禽獸亦知之。

梅溪叢話

／母子

讀者諸君，乍閱此「母子」圖，心中定會生起疑惑，不禁會想道：「畫裡面明明是一隻母雞和一隻小猴仔，怎麼會是母子呢？」

沒錯，這小猴仔肯定不是母雞親生的，那又為何能稱其為母子呢？必定是有故事的。

此幅「母子」圖，取材自曹偉的《梅溪叢話》。《梅溪叢話》為十五世紀至十七世紀時稗說文學的代表作。此類文學作品發源於朝鮮高麗時期，為雜文文體形式。所記述的內容相當廣泛，有歷史掌故、名人逸話、里巷傳聞、風土民俗、文物制度、人情世態和詩文評論……等等。

這幅護生畫「母子」圖，述說的是不同種類的動物間感人的故事。動物的美德懿行，發乎自然，發乎愛，可見其情識與人類相近，這就是同為有情眾生的明證。

畫中這對異類母子，住在江蘇無錫北門外一處叫治坊的巷弄裡，是一位修煉者王仙人所飼養的。這隻小獼猴，身高不過六、七寸，沒有母猴照顧，是失怙的孤兒，牠每天都跟老母雞生活在一起，晚上睡覺時也同宿。小獼猴肚子餓了，會像小孩兒似地向老母雞要食物吃，老母雞也像媽媽一般的去為小猴仔張羅吃的。老母雞到庭院中去找來蟲蟻之類的小生物，回來餵食小猴仔，宛若慈母。小猴仔也會將主人給牠的水果粟子之類的食物，與老母雞一起分享。

老母雞和小獼猴日夜相處，相互扶持，還共同分享食物，久而久之，竟像一對母子般的相親相愛，彼此照顧。小獼猴每到夜晚要睡覺時，老母雞必定發揮母愛，張開雙翼保護猴仔，像對待自己孩子般的護衛著小獼猴，每天都如此。

真摯又不求回報的覆育之恩，是不分人與禽獸。再凶猛的野獸，如老虎、獅子、鱷魚、野狼等，只要當了母親，母愛自然生起，怕孩子餓了，怕孩子受傷了，此等疼愛孩子的心情，人獸都是相同的。那也是有情眾生的情識特點之一。

畫中的母雞和猴仔，雖為異類，但是日夜相處，日久生情，那種非親子之間的真摯情誼，更令人讚歎！身為人類，怎能不多加愛惜牠們！

放生池

馮道性仁厚，家有一池，每得生魚，必放池中，謂之放生池。其子為監丞者，每竊釣而食之，道聞之不懌，于是高其牆垣，鑰其門戶，為一詩書于門曰：高却牆垣鑰却門，監丞從此罷垂綸。池中魚鱉應相賀，從此方知有主人。

續墨客揮犀

馮道性仁厚，家有一池，每得生魚，必放池中，謂之放生池。其子為監丞者，每竊釣而食之，道聞之不懌，于是高其牆垣，鑰其門戶，為一詩書于門曰：「高却牆垣鑰却門，監丞從此罷垂綸，池中魚鱉應相賀，從此方知有主人。」

續墨客揮犀

／放生池

閱此幅「放生池」的護生畫，閱畫者對畫中所要表達的情境一目了然。

此畫取材自《續墨客揮犀》一書。此書的作者為北宋哲宗年間名士彭乘；彭乘為進士，授漢陽軍判官。歷官工部郎中、翰林學士，曾在集賢館修書，亦曾擔任普州知縣。著有《墨客揮犀》和《續墨客揮犀》各十卷。此二書為筆記體，書中輯錄前人有關的文字書籍記述，其中所引錄的許多書籍，如《倦游雜錄》等，都早已亡佚，幸有此書加以保存下來，令珍貴古籍不至散失。

「放生池」的故事，敘述的是一位叫馮道的長者，他的心地善良，性情仁厚。馮道家屋旁蓄有一個水池，每次有人贈送他活魚或是他在市場上買來活魚活蝦和鱉等，都不忍心見活生生的動物被殺害，被烹煎，總是將魚蝦等放入池中，留牠們一條生路，他稱這個水池為放生池。

慈悲的馮道，拯救了不少眾生性命。他的放生池中，魚兒自由自在地生活和繁殖，池中的魚自然愈來愈多，馮道看了很歡喜。

馮道有一個兒子當時擔任監丞，跟父親的想法不同，也沒有父親慈悲為懷的心，經常趁父親不在家時，拿著魚竿偷偷地到水池邊去釣魚，將釣到的魚拿到廚房煮來吃。馮道知道這件事後，非常不高興，他勸兒子，教訓兒子不要殺生，要愛惜物命，兒子都不肯聽，照樣偷吃放生池中的魚。

既然兒子不肯聽勸，馮道只好另想辦法。他找人來將魚池四周砌起高高的圍牆，還做了一道門，在門上安裝了一個鎖，將圍牆門鎖起來，以防止兒子進入水池中釣魚。

馮道還寫了一首詩貼在門上。詩中寫道：「高却牆垣鑰却門，監丞從此罷垂綸，池中魚鱉應相賀，從此方知有主人。」

這是一位秉性仁厚的父親，教訓兒子的方法。雖然激烈，但從中可見出馮道護生的決心。他當然希望砌起高牆之後，兒子能夠體會為父者的心境，學習父親的慈悲，愛惜物命，少造殺業，不與眾生結仇。

馮道給兒子示範的慈悲，是一種無畏施。是布施的一種。無畏施令眾生心靈得到安定，祛除恐懼。馮道將瀕死的動物放生，令眾生得以延長性命，健康地活著；這種布施，可以得到健康長壽。馮道的一片慈心，或許有一天能感動他的兒子。

鸛雀之家

仇悆為東州一邑宰晨起視事方受牒訴有鸛雀翔舞庭下驅逐久之方去明日復來仇心異之遣一吏跡所止而觀其為何既出城數里見一大樹鸛雀逕止其上視其顛則有巢焉數子啁啾其中其下方有數人持鋸斧繩索將伐之者吏遽止之且引其人與俱見仇問伐樹何為曰為薪耳又問鬻之得幾何曰可得五千仇即以己錢五千與之且告之曰是鸛連日來意若求救者異類而有知如此尒不可伐其人遂去因不伐樹

曲洧舊聞

仇悆為東州一邑宰，晨起視事，方受牒訴，有鸛雀翔舞庭下，驅逐久之，方去。明日復來，仇心異之，遣一吏跡所止，而觀其為何，既出城數里，見一大樹，鸛雀徑止其上，視其顛，則有巢焉，數子啁啾其中，其下方有數人，持鋸斧繩索，將伐之者，吏遽止之，且引其人與俱見。仇問：「伐樹何為？」曰：「為薪耳。」又問：「鬻之得幾何？」曰：「可得五千。」仇即以己錢五千與之，且告之曰：「是鸛連日來，意若求救者，異類而有知如此。爾不可伐。」其人遂去，因不伐樹。

曲洧舊聞

／鸛雀之家

「鸛雀之家」取材自《曲洧舊聞》一書。此書是宋朝史料筆記書；為朱弁所撰，收錄在《四庫全書薈要》，共十卷。朱弁著有《聘遊集》、《輶軒唱和集》，已佚失；只存《曲洧舊聞》、《風月堂詩話》等。

此畫，是鸛雀向官府求救的故事。鸛雀長得像鶴，《毛詩陸疏廣要》中記載：「長頸赤喙，白身黑尾翅，築巢樹上，巢大如車輪，卵大如三升之杯，若有干擾，則會棄巢而去。」

故事中的鸛雀，非常有靈性，為了護其幼鳥，竟向官府投訴，而當地官員竟也靈犀相通，去探究原因，救了一窩幼鳥。

這個故事發生在東州，此地的縣官名叫仇悆，有一天他正上堂審視民眾訴訟的牒文，忽然一隻鸛雀飛入大堂，在庭前盤旋飛舞，他令手下將鸛雀趕出去，驅趕了半天，好不容易才將鸛雀趕走。但是第二天那隻鸛雀再度飛入庭前，不斷盤旋飛舞，哀哀鳴叫，不肯離去。

仇悆感到很詫異，他心想鸛雀不會無故飛來庭內，莫非有什麼冤屈？特意來向他稟告。仇悆是一位清廉公正，又能為民著想的好官；也因為辦過無數案子，因此對奇異的事特別敏感，鸛雀的行為有異，他認為必有原因。雖然只是一隻鳥，但他身為地方官吏，理應一探究竟。於是便派差役跟隨鸛雀，去看看到底發生了什麼事？

這位差役，跟著鸛雀來到城外數里的地方，那兒有一棵大樹，鸛雀飛上樹頂，停在那裡。差役見到樹上築有一個鳥巢，巢內有幾隻不停啁啾且嗷嗷待哺的幼鳥；而那棵大樹底下，有幾個人持著刀鋸、斧頭和繩索等，正準備砍樹。

差役一見這情形，心中立刻明白原因，原來鸛雀希望官府能夠阻止人們砍樹，因為樹倒了，牠的家就毀了，牠的孩子也會摔落地面而死，為了救孩子，避免家破人亡，鸛雀竟向官府求助，這太神奇了！而官爺也能明白鸛雀需要幫助，這也太神了吧！

差役立即上前阻止那幾個人砍伐樹木，並將他們帶回縣衙。仇悆見到這幾位伐木的人，問他們道：「你們為什麼要砍那棵樹呢？」他們回答說：「砍下樹來當柴燒。」仇悆又問：「這些柴能賣多少錢呢？」伐木人回答：「能賣五千文錢。」

仇悆一聽，就自陶腰包拿出五千文錢交給砍樹人，並告訴他們：「連著兩天，樹頂上的鸛雀都飛到衙門裡來求救，禽鳥這般有靈性，能如此愛惜自己的雛鳥，真不可思議！你們不要再砍這棵樹了，以免危害到樹上的鳥雀。」砍樹人聽了，也很感動，不再去砍樹。

如此有愛心的地方官，讀儒家書，視民為同胞，視物為同類，仇悆將「民胞物與」的愛民與愛萬物的思想，發揮到了極致。

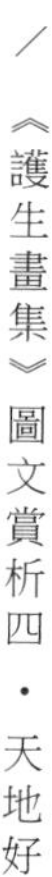

恩人

鹽官縣慶善寺明義大師，退居邑人鄒氏庵，一日春晨起行徑中，見鳩雛墮地，攜以歸，躬自哺飼。兩月乃能飛，日縱所適，夜則投宿屏几間。是歲十月，其徒惠月復主慶善寺，迎其師歸。逮暮鳩返，則闃無人矣，旋室百匝，悲鳴不已。守舍者憐之，謂曰：「吾送汝歸老師處。」明日籠以授師，自是不復出，馴狎左右，以手摩拊皆不動，他人近之，輒驚起。嗚呼，孰謂畜產無知乎？

夷堅志

／恩人

這幅護生畫，看了叫人心中升起一股熱流，那熱流暖呼呼地幾乎要融化了，融化在濃濃的慈悲和關懷裡。

「恩人」這幅畫中，那位慈眉善目的老和尚，表情如此安詳靜定，眼神如此了然且充滿慈悲，一看就是有修為且對這娑婆世界種種早已看破放下，身心清淨無染的出家人。

這位老和尚就是鹽官縣慶善寺的住持明義大師，他退居在當地的鄒姓人家所設的庵堂中休養。當時是春季，有一天的清晨，老和尚起個大早在庵外的林間漫步，忽然看見一隻小斑鳩從樹上跌落下來，可能是巢中太擠，母鳥照顧不及，不幸被擠出巢外而掉落地面，那嗷嗷待哺的模樣兒真叫人憐惜。若把小斑鳩留在地面上，牠很快會餓死的，慈悲的老和尚將小斑鳩撿起來，帶回庵中，親自餵養牠。過了兩個月，小斑鳩漸漸長大，翅膀也長豐滿了，能飛了。白天小斑鳩在自由自在地到處飛到處玩，自己去覓食；到了晚上，小斑鳩就睡在老和尚寮房內那座屏風旁的小几案上。

那年十月，老和尚的弟子惠月法師擔任慶善寺的住持，就到鄒氏庵中將老和尚請回寺中。老和尚離開庵堂時，小斑鳩不在，沒能跟隨而去。待小斑鳩傍晚回到庵堂，找不到老和尚，心急的在老和尚住的寮房內不停地盤旋飛翔，一次又一次，不肯停下來，還不斷哀鳴。守庵堂的人見到小斑鳩如此著急地尋找老和尚，非常同情牠，就對牠說：「你別難過了，我明天就送你到老和尚那兒。」第二天，守庵堂的人將小斑鳩裝進籠子，送到慶善寺去給老和尚。

回到老和尚身邊，小斑鳩安心了，從此牠再也不敢飛出去，怕回來會見不到老和尚，因此總是很溫馴地跟在老和尚左右。老和尚常以手溫柔地輕撫牠，牠總是溫馴地不動，很享受那慈祥的愛。但若是別人接近牠，就驚慌地飛離開。啊！誰說牲畜沒有靈性呢！

可不是，這斑鳩對老和尚的感情和依戀，誰能比得上！這有情識的眾生，跟人一樣有喜怒哀樂，尤其前世為人身，今生投入畜生道的，特別有靈性呢！

酬謝

上元中華容縣有象入
莊家中庭臥其足下有
槎人為出之象乃伏令
人騎入深山以鼻掊土
得象牙數十以報之

虞初新志

上元中，華容縣有象入
莊家中庭臥，其足下有
槎。人為出之，象乃伏，令
人騎入深山，以鼻掊土，
得象牙數十以報之。

虞初新志

／酬謝

「酬謝」是一幅有趣的畫作，若以人，為標準大小，那畫中的大象則碩大無比，似乎超出比例；而大象的耳朵顯得特別小，一般來說，人們見到的象，即使是剛出生的小象，耳朵都比畫中的象大多了。子愷先生是一位大師級的畫家，他放大了象的身體，縮小了象的耳朵，定當有他的用意，讀者諸君在欣賞這隻大象時，可盡情去發揮想像力。

這幅畫，敘述的是動物報恩的故事。事情是這樣的，在華容縣這個地方，有一座農莊。在元宵節過後，忽然有一頭大象從莊外走來，躺臥在院子裡。大象入民宅，本來就是一樁稀奇的事兒，大象走到院子裡還自己躺在地上，這更稀奇。

可以想見，這事兒一定讓這戶農家內的所有人都爭相走告，可能鄰近幾家，甚至整村的人都來了，一群人將大象團團圍住，想看看到底發生了什麼事？

這時候，大家七嘴八舌地議論紛紛。想必這戶莊園的主人，心中會想，無事不登三寶殿，大象會來找他，必定有事，會不會是受傷了？需要人來幫助？主人家於是細心地為大象做檢查，終於在大像腳下找到一根樹枝的槎枒，那根小木槎，深深插入大象的腳板內，讓牠走一步痛一下，簡直痛澈心扉。大象忍受這種痛不知多久了，一定是痛到受不了了，才會冒險向人類求救。

農莊的主人，立即將那根槎枒拔出來，還令家人拿出創傷藥，為大象敷藥療傷。大象的痛苦解除了，牠翻身起來，接著又蹲伏下去，似乎是邀請這家主人坐上牠的背；主人家了解大象的意思，於是就順著牠的意，爬上大象的背。

大象起身向外走去，一直走到深山的一處密林裡，才讓農莊主人下來。然後以象鼻子一掊一掊的挖開泥土，竟然在那土坑中挖出數十支象牙。

哇！大象帶農莊主人來到深山中，以象牙酬謝拔槎之恩。太神奇了！大象真是有靈性的動物，知道有恩報恩，簡直跟人一樣！甚至勝過人呢！學佛的人，經常念的〈回向偈〉：「上報四重恩，下濟三途苦。」就是教人要懂得報恩。但有些人不但不懂得知恩圖報，事過境遷之後，為一點小事，反將恩人當仇人。看看這隻大象的報恩懿行，怎能不汗顏！

協助築巢

郁七家有燕將雛，巢久
忽毀。鄰燕成群，銜泥去
来如織。頃刻巢復成。明
日，遂育数雛巢中。乃知
事急，燕来助力者。

虞初新志

郁七家有燕將雛，巢久
忽毀，鄰燕成群，銜泥去
來如織，頃刻巢復成，明
日遂育數雛巢中，乃知
事急，燕來助力者。

虞初新志

／協助築巢

這幅「協助築巢」的護生畫，是豐子愷取材自《虞初新志》一書中的故事，敘述的是動物間相互幫助，解決鄰居友伴迫切需求的美德懿行。

故事是這樣的，以前有一戶人家，主人名叫郁七，他家屋簷下每年都有燕子來築巢。這一年，燕子又飛來了，但是去歲的舊巢已毀壞，不堪居住和哺育幼雛，必須加以修補。

燕子夫妻，一夫一妻，勢單力薄，這修補舊巢的工程，勢必得花費一番工夫才能完成。此時，鄰家的燕子忽然成群結隊地飛來，開始來來回回地啣泥幫助郁七家的燕子修補舊巢。他們在空中和燕巢間穿梭如織，燕多好辦事，不多久，就把舊巢修補完成，宛如新巢一般。

燕子夫妻有了新家，當天就住進新巢中。第二天，燕子媽媽就在巢中下蛋，孵蛋，不久殼破鳥出，嗷嗷待哺的小燕子在巢中張大著嘴，等著燕子爸媽來餵食。

鄰燕協助築巢，一解燃眉之急。這故事述說燕子之間的友愛互助。人類總是認為動物不如我們聰明，那是人們的驕傲所致，總覺得動物不如人，低人一等。試想想，萬物各有所長，人不如動物的地方太多了，我們無法在高熱的溫泉中生活，無法在冰冷的海水中生活，無法在深海中生活，而許多生活其中的動物卻能優遊自在，這種能力人類望塵莫及；人不能飛翔高空，不能高速飛奔，不能夜間在黑暗中視物，不能見到紅、紫以外的光波，不能聽到許多高頻或低頻的聲音，而許多動物卻可以。可見動物的許多能力高過人類。

這幅畫中，燕子夫妻向鄰居求助的啁啾聲音，人類無法解讀，而鄰燕聽到了，而且了解了。燕子的鄰居們，從燕子媽媽的求助聲中，理解到牠即將為母，怕來不及將窩巢修築完成的訊息。鄰燕們像人類一樣即刻採取敦親睦鄰的行動，於是紛紛飛來幫忙修補舊巢，解決了燕子媽媽即將臨盆而無巢可居的困境。燕子之間聲息相通，一如人類一般，只是我們沒法進入燕子的世界，進一步去了解牠們。

動物都懂得互助，人類何不如！人們該以動物為師喔！

送終

咸熙中，有翁媼弄猴于瑞昌門外。一日，媼死。翁葬之。未幾，翁死，無人葬。猴守之，日久，人憐而葬之。咸稱為義猴。

虞初新志

咸熙中，有翁媪弄猴于瑞昌門外，一日，媪死，翁葬之。未幾，翁死，無人葬。猴守之，日久，人憐而葬之。咸稱為義猴。

虞初新志

／送終

這幅「送終」圖，內容畫的是一位老翁和一隻猴子。老翁身旁有一袋行裝，一看便知是一位出外人。老翁閉眼躺在樹下，已經身亡，一隻猴子蹲在老翁身旁，一手摀住眼睛，似乎正在悲傷落淚。光看圖，就知道這是一則感人的故事。老翁和猴子有什麼淵源嗎？為何會為老翁送終？還如此悲傷難過？這其中當然是有因緣的。這故事取材自古籍《虞初新志》。

故事發生在魏晉南北朝的曹魏時期，即魏元帝咸熙年間。當時都城的城牆有一座城門叫瑞昌門。城門外有一位老翁和老婦人在賣藝，以耍猴戲維生。這對老夫婦，想必是無兒無女，又流離失所，才會偌大年紀了，還在外面討生活。

老人家身體當然不如少壯，已失去健康，生活又如此辛苦，日子難過。有一天，老婦人不幸去世了；老翁含悲忍淚安葬了老婦人。失去老伴，老翁的日子更顯淒涼，可能悲傷過度，過沒多久，老翁也死了。孤苦伶仃的老翁，倒臥在路旁，沒有人為他收葬。他飼養的那隻猴子，並沒有跑走，而是守在主人身邊哀哀嚎叫。路人看了，很同情這位老翁，感嘆他身世淒涼，身後無人，連個收屍的人都沒有；對守在屍體旁的小猴子，也感佩萬分；這隻猴子對主人的忠誠，對主人的守護，令人感動！可見主人家對待猴子很仁慈，平日疼牠愛牠如子，像一家人般，因此人猴之間感情彌篤。慈悲的路人，見這情景，心生不忍，就掏錢買了棺材，安葬老翁。這故事傳開了，那隻猴子也被人稱為義猴。

故事的後半段，在圖畫和題詞中沒有交代猴子的最終去處，希望那位慈悲收葬老翁遺體的善人，會收養那隻忠義的猴子，這樣結局就圓滿了。

這個故事中，除了述說猴子知恩圖報的感恩之情，不捨主人的忠義之情，也述說慈悲路人的善舉。不忍見路旁死屍，而出錢買棺木，這種施棺，即是一種義舉。

世上有許多孤苦無依或流離失所的人，身後事無人料理。生死是大事，人們總是慎重接往迎來，喪命他鄉異地無人收葬，是值得悲愍的事。人們布施什麼，將來就得什麼果報，民間傳說布施棺木的人，將來不會曝屍荒野無人收葬，其福德還能庇蔭子孫後代。當然，故事中施棺的人，並不曾想到要回報，但是善因有善報，福報自會隨善業而來。

麀鹿攸伏

銀臺侯廣成家，放一鹿于堯峰，且數年，侯死，鹿跳躑斷角，累日不食，亦死。山僧憐而葬之，碣曰：「義鹿塚」。

虞初新志

／麀鹿攸伏

鹿，是一種人見人愛的美麗動物。世界各地有許多不同種類的鹿，鹿這種動物不論生長在哪裡，都同樣是草食的，也都一樣美麗。童話故事中的小路斑比，更是全世界小朋友的最愛。

這則《虞初新志》中「麀鹿攸伏」的故事，描述的就是這種溫馴又人見人愛的鹿的故事。「麀鹿攸伏」中的「麀」，讀音ㄧㄡ，意指母鹿。「麀鹿攸伏」的意思是指母鹿遊息伏臥的處所。

此故事的內容，說的是很久以前在銀臺這個地方，有一位善心人士，名叫侯廣成，他家中原來養著一隻鹿，可能是他買來的，或是別人贈送給他的，他覺得鹿失去在原野中奔馳的自由，而被關在人類居住的小小後院的畜欄中，生活一定很不自在，他每天看到家中那隻鹿，總覺得很不忍心。有一天他帶著這隻鹿出門去，來到堯峰，他覺得這座山，林木茂密，鹿在此可以過著自由自在的生活。山上有一座寺廟，寺裡的和尚他又認識，就託和尚就近照顧這隻鹿，以避免被獵人追捕射殺；和尚很慈悲，一口就答應了。於是，他獨自回家，將這隻鹿留在山上，讓鹿回歸山野。

過了幾年，侯廣成去世了，這隻被他放歸山林的鹿竟然感應到了，激動地奔跑跳躍，東撞西碰的，把頭上的角都給碰斷了還不肯停，而且接連著幾天不吃不喝，很快就死了。山寺裡的和尚，感到很驚訝，這隻鹿對從前有恩於他的主人如此的哀悼，這情誼，簡直跟人一樣；有些忘恩負義的人，還比不上這隻鹿的重情重義！

義，是儒家非常重視的德性，是「仁、義、禮、智、信」五德之一。人們光有情是不夠的，還要有義，情義、道義是人與人之間和諧和信任關係的基礎。孔子的中心思想為「仁」，孟子的中心思想為「義」，可見「仁」和「義」是儒家的核心思想。西漢的哲學家董仲舒認為，「仁、義、禮、智、信」五常之道是處理人際關係的基本法則。

這隻懂得感恩的鹿，牠沒有讀過儒家經典，卻能惜情守義，這是一種慈悲，侯廣成以慈悲待牠，牠不但還以慈悲，還加上自己的性命回報，何等感人肺腑的情義啊！受感動的和尚，慈悲地安葬了這隻鹿，還在墳前立了一塊石碑，碑上刻著：「義鹿塚」，以紀念鹿的義行。

愛子

孟孫獵得麑，使秦西巴持歸，其母隨而鳴，秦西巴不忍，縱而與之，孟孫怒而逐秦西巴。居一年，召以為太子侍，左右曰：「夫秦西巴有罪于君，今以為太子傅，何也？」孟孫曰：「夫以一麑而不忍，又將能忍吾子乎？」

說苑

孟孫獵得麑，使秦西巴持歸，其母隨而鳴，秦西巴不忍，縱而與之，孟孫怒而逐秦西巴。居一年，召以為太子侍，左右曰：「夫秦西巴有罪于君，今以為太子傅，何也？」孟孫曰：「夫以一麑而不忍，又將能忍吾子乎？」

說苑

／愛子

「愛子」這幅護生畫，出自《說苑》一書；內容敘述的是春秋戰國時期，魯國孟孫氏宮中發生的故事。孟孫，是魯莊公的弟弟。魯莊公的父親魯桓公生有四子，嫡長子魯莊公繼承為魯國國君；其庶長子慶父，又稱共仲，後代稱其為孟孫氏。

有一次，孟孫與隨從官員一起出外打獵，獵得一隻小鹿。這隻小鹿長得非常可愛，孟孫很喜歡，但是他遊興仍濃，還不想回宮，於是就命令陪他一起打獵的隨從官員之一，名叫秦西巴的，先將小鹿帶回宮中。

秦西巴牽著小鹿準備回去，才走沒幾步，就發現一隻母鹿跟在他後面，不顧自身可能被捕或喪命的危險，亦步亦趨地，不肯離去，而且不斷哀哀鳴叫著，叫聲聽起來既心焦又悲悽。秦西巴見到母鹿這般不捨小鹿，感到這種母愛跟人是沒兩樣的，又憐牠失去愛子，更替牠難過。人們失去愛子，這種生離死別之情，是人間至極之悲，其傷痛無可言喻！這隻母鹿即將面臨這生離死別的哀傷，他於心何忍！一念之下，慈悲心生起，於是就將小鹿給放了。他心想若君主怪罪下來，就由他來承擔吧！孟孫遊獵歸來，回到宮中後發現秦西巴將小鹿放了，相當震怒，一氣之下將他放逐出京城。

過了一年，孟孫將秦西巴召回京城，還請他回到宮中，派他隨侍在太子身邊，讓太子拜他為老師，學習讀書和仁義道德。孟孫左右較親近的大臣都疑惑地問他說：「秦西巴曾經得罪過大王，被大王革職並放逐在外，為何現在又請他回來擔任太子傅這重要的職位呢？」孟孫回答道：「我相信秦西巴足以擔此大任，他學問和品德都好，又具有仁愛慈悲的心懷，連一隻小鹿都不忍傷害，能夠憐憫母鹿的處境，又能了解母鹿疼愛小鹿的心情，這種人，一定能好好保護太子，教育太子，讓太子成為仁人君子的。我很放心他。」

秦西巴違背君主之意縱放小鹿，受到了應得的處罰；但他的仁心和慈悲，卻得到君主的賞識和信任。可見，慈悲，是一種多麼大的力量啊！

夢故山

宋高宗時，隴山人進能言鸚鵡。高宗養之宮中。一日，問曰：尔思鄉否？曰：豈不尔思，思之何益！帝遣中貴送還隴山。數年之後，使過其地，鸚鵡問曰：上皇安否？曰：崩矣。鸚鵡悲鳴不已。

虞初新志

宋高宗時，隴山人進能言鸚鵡，高宗養之宮中，一日，問曰：「爾思鄉否？」曰：「豈不爾思，思之何益？」帝遣中貴送還隴山，數年之後，使過其地，鸚鵡問曰：「上皇安否？」曰：「崩矣。」鸚鵡悲鳴不已。

虞初新志

／夢故山

誰說動物無知呢？這幅取材自「夢故山」的護生畫，真真跌破人們眼鏡！有些動物的聰明才智和善體人意，還真感人至深！

這幅畫中的故事，發生在宋高宗時代。當時住在陝西和甘肅省交界的隴山地方的人，進貢了一隻能言善道的鸚鵡給宋高宗。這隻鸚鵡不但能學人語，還懂人言之意，更能與人對話；如此的奇禽，真是天下少有，因此宋高宗很喜歡這隻鸚鵡，把牠養在宮中，忙完國事，經常與鸚鵡對話，玩賞一番。

宋高宗趙構，是宋朝第十位皇帝。也是宋朝南遷後的第一任皇帝，在位三十五年。他是宋徽宗的第九個兒子，宋欽宗的弟弟，曾被封為「康王」。宋高宗和父親宋徽宗一樣，有很高的藝術才華，喜愛書法，他初學黃庭堅，後改學米芾，不離魏晉法度，又摹王羲之、王獻之父子，成為傑出的書法家，有《真草嵇康養生論書卷》流傳於世。

有一天，宋高宗心血來潮，忽然問鸚鵡說：「你是從甘肅隴山來的，離家這麼遠，你想念故鄉嗎？」鸚鵡聽皇上這麼問牠，百感交集，立即回答道：「當然想啦！但是想又什麼用呢？」這番對話，讓宋高宗想到，鸚鵡被金鎖鍗鎖在這深宮之中，失去自由，哪裡也去不了，實在是可憐，牠既然想念故鄉，我就放他回去吧！宋高宗一念慈悲，決定放鸚鵡一條生路。他派了一位太監將鸚鵡送回隴山，放歸山林。

過了幾年，有一位朝廷派來的使者途經隴山，鸚鵡見到這位使者，立刻飛到他身邊，很關心地問道：「這位大人，您是從京城來的，我離開宮中很久了，很想念皇上，近來皇上可安好？」使者早就聽聞過這隻鸚鵡的故事，所以鸚鵡對他說話，他不覺得奇怪。使者回答說：「皇上已經駕崩了！」

鸚鵡聽到宋高宗去世的消息，不由悲傷地鳴叫，久久不能自己！

宋高宗和這隻鸚鵡的感情深厚，他對鸚鵡慈悲放生，鸚鵡感恩在心，對宋高宗念念不忘。誰說動物無知！動物不但有智慧，也有情有義，鸚鵡悲傷地哀鳴，就是真情流露！

下獄

關中商人得能言鸚鵡于隴山。愛而食之甚勤。偶事下獄。歸時歎恨不已。鸚鵡曰：「郎在獄數日，已不堪。鸚鵡遭閉累年，奈何？」商感而放之。後商同輩有過隴山者，鸚鵡必于林間問曰：「郎無恙否？幸寄聲，幸寄聲！」

虞初新志

／下獄

「下獄」這幅漫畫，述說的是一則有關鸚鵡和主人之間情義相挺的感人故事。

故事是這樣的，有一位居住在關中平原的商人（即渭河平原，在中國陝西中部、秦嶺北麓，東西長三百公里的廣大平原）做買賣時，見到一隻能學人語的鸚鵡，很是喜愛，就花錢買下，帶回家中飼養。這位商人非常喜愛這隻鸚鵡，每天勤快地餵食牠，不假他人之手。還經常教鸚鵡說話，鸚鵡也特聰明伶俐，還會與主人對話，人禽之間感情深厚。

不幸的是，商人因為一些小事與人起了爭執，被人告進官衙，因而鋃鐺入獄。被關了幾天後出獄回家，非常怨嘆，整日唉聲嘆氣，心情很不好。

鸚鵡看見主人如此不開心，就說道：「您只被關了幾天，就難受成這樣，覺得非常不堪，這種折磨讓你受不了！我是隻鸚鵡，經年累月地被您關在家中，失去自由，不能在空中飛翔，不能跟同伴在一起，我更是無可奈何啊！」商人聽心愛的鸚鵡說出這樣悲傷無奈的話，覺得好慚愧，也好自責，他想鸚鵡的遭遇，跟他被關在監牢裡有什麼兩樣呢？他怎能如此殘忍地對待心愛的鸚鵡？於是，就將鸚鵡放了，還牠自由，雖然心中不捨，還是任牠高飛而去。

後來這位商人的友輩們，只要有事路過隴山，都會在林間見到這隻鸚鵡，鸚鵡也都認識這些經常到商人家中作客的朋友們，於是很歡喜地飛到這些朋友身邊，並對他們說：「我家主人別來無恙？身體精神還好嗎？你們回去一定要代我問候他，一定要代我問候他喔！」

哇！這隻鸚鵡，真有靈性！簡直跟人一樣，前生可能是人吧！奈何今生落入畜生道！但是從前結的善因有了善報，讓鸚鵡在今生能遇貴人，在他被捕被賣之後，還能重獲自由，或許前世鸚鵡生在人道時，跟商人就很熟識，甚至對商人有過恩惠，今生落入畜生道，與商人再結緣，而商人是來報恩的，才會對鸚鵡如此善意和慈悲。

誰知道呢！前世今生有隔陰之謎，轉世前喝了孟婆湯，什麼都忘了。但是來到人間，能廣結善緣是好事，不要造業又結惡緣，那就枉來世間走一遭了。

跪乳

仁宗一日晨興，語近臣曰：昨夕因不寐而甚飢，思食羊燒。侍臣曰：何不降旨取索！曰：比聞禁中每有取索，外面遂以為例。誠恐自此遂夜宰殺，以備非時供應，則歲月之久，害物多矣。豈可不忍一夕之餒，而啓無窮之殺也。時左右皆呼萬歲，至有感泣者。

東軒筆錄

仁宗一日晨興，語近臣曰：「昨夕因不寐而甚飢，思食羊燒。」侍臣曰：「何不降旨取索？」曰：「比聞禁中每有取索，外面遂以為例，誠恐自此逐夜宰殺，以備非時供應，則歲月之久，害物多矣。豈可不忍一夕之餒，而啟無窮之殺也。」時左右皆呼萬歲，至有感泣者。

東軒筆錄

／跪乳

「跪乳」這幅畫，在中國傳統社會和道德懿行中都是象徵「孝行」；人們一見到羔羊跪乳，就會聯想到母愛的偉大，為了報答母親的養育，小羊都知道跪著吃奶，以感恩母羊，何況人乎？

「跪乳」圖，配上取材自《東軒筆錄》一書中有關宋仁宗和羊的故事，讓人更加對羊這種溫馴美好的動物，生出憐愛之心。

《東軒筆錄》是宋朝魏泰所撰。魏泰博覽群書，但因科考功名不得志，致力於著書，不用真名，而以武人張師正為假名著有《志怪集》、《括異志》、《倦遊錄》，其後還著有《東軒筆錄》、《碧雲騢》等。

此畫中的仁宗，指的是宋仁宗，宋朝第四代皇帝，宋真宗的第六子，生母為李宸妃。仁宗即帝位時年僅十三歲。他的身世是個謎，他是許多電影和戲劇「狸貓換太子」中那位被加害的太子。幸好逃過劫難，當皇帝以後，在位四十一年。

這則故事述說的是宋仁宗有一天早上起床以後，對在他身邊侍候的臣子說：「昨天晚上我沒睡好，睡不著就覺得肚子餓，好想吃燒羊肉。」侍候他的臣子就說：「皇上想吃燒羊肉，為何不降旨令御廚去料理，送來寢宮給皇上吃呢？」宋仁宗回答道：「我近來常聽說，每次宮中需要什麼東西，侍臣一往外頭傳，外面做事的人就會以為每天都要準備，把這需求當成例行公事，我擔心這例子一出，從此以後廚下會每天晚上都宰殺一頭羊，以備不時之需，那樣的話，積年累月，要殺多少生命啊！這一時之飢餓，怎可不加以忍耐，豈能因此而殺害物命，造無窮的殺業呢！」左右的侍臣聽皇上這麼說，感動之餘都雙膝跪地，高呼萬歲爺慈悲！有些侍臣甚至感動得流下淚來。

真是感人！宋仁宗確是一位仁君！一般權高位重或富裕人家，因為享受多，山珍海味甚至奇禽異獸都能入廚下烹而食之，最容易造業。經常沒吃完就撤下桌，造成極大浪費，更是業障深重。眾生以肉身來餵養你的肉身，怎可不加珍惜！吃幾口就棄之如敝履！太不人道了！吃眾生肉，要存感恩心，因為牠們不是生來就該給人吃的，眾生既然無力抵抗而就範，請吃的人要物盡其用，不浪費，這也是一種尊重！

宋仁宗身為帝王，都能忍一時之飢，而挽救許多物命，真叫人佩服哩！

緝獲兇手

滁州一寺僧，被盜殺死。
徒往報官，畜犬尾其後。
至一酒肆中，盜方群聚
縱飲。犬忽奔噬盜足，眾
以為異，執之，致官訊服。

虞初新志

滁州一寺僧，被盜殺死。
徒往報官，畜犬尾其後。
至一酒肆中，盜方群聚
縱飲。犬忽奔噬盜足，眾
以為異，執之，致官訊服。

虞初新志

／緝獲兇手

「緝獲兇手」是一則義犬協助官府破案的故事。義犬報恩的故事，在民間傳聞甚多，此則故事中的義犬扮起警察，勇擒盜賊，其智謀不輸給人類。

故事發生地在滁州。滁州位於安徽省最東部，長江下游北岸，長江三角洲西緣，現今為安徽省省轄市。滁州地方有一座寺院，有一天遭盜賊闖入，寺中一位僧人不幸被這群盜賊殺害。僧人的徒弟驚慌地前去官府報案。這位徒弟所飼養的狗，跟在他後面，陪他一起去。途中他們經過一家酒館，裡面高朋滿座，酒酣耳熱。其中有幾個人聚了一桌，正在縱情飲酒作樂。

他們走酒館門前過時，這隻嗅覺靈敏的狗，忽然聞到了酒館中有不久前打劫寺院的盜賊的氣味，於是飛奔過去，咬住其中一位盜賊的腳，不管這個人害怕得發抖，還唉唉大叫，也不管主人大聲喝斥，狗都不肯放。

在場的客人有去過寺院的都認識這隻狗，牠平日很溫馴，今天會發生咬住人不放的舉動，都覺得奇怪，知道這其中必有緣故。於是，就將這些人捉起來送官衙。在官衙內接受審訊時，這些盜賊終於承認他們的罪行。

這隻緝獲兇手的狗，堪稱義犬。狗，從古至今一直是人類最親近的動物朋友，尤其在現代社會中，狗朋友因為嗅覺和聽覺特別靈敏，加上比人更敏銳的第六感，因此以他們的本能為人類做了更多的事，如家犬、獵犬、緝毒犬、導盲犬、警犬、醫院陪伴犬、太空犬等。狗以各方面的才能與人類生活緊密相連，稱牠們是人類最好的朋友，實不為過。外國人常說，一個家，除了房子和家人之外，如果沒有養一隻狗，就不成為家，可見狗在人們心目中的重要地位。

怕狗的人，看到狗，不要怕，想想狗的好和忠誠，對牠們微笑，狗必會感應善意的磁場，而對你搖搖尾巴喔！

白鷴殉主

厓山之敗，陸秀夫抱祥興帝与俱赴水。時御舟一白鷴，奮擊哀鳴，与籠墜水中死。

虞初新志

厓山之敗，陸秀夫抱祥興帝，與俱赴水。時御舟一白鷴，奮擊哀鳴，與籠墜水中死。

虞初新志

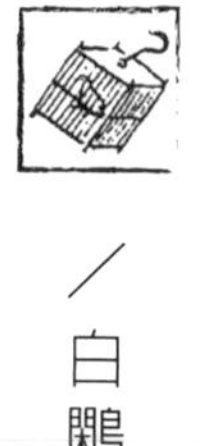

／白鷴殉主

「白鷴殉主」這幅漫畫，畫題雖只有四個字，但從這隻殉主的白鷴鳥身上，卻可以引申出壯烈的歷史故事。

「厓山之敗」，指的是宋朝末年宋軍與元軍的一次慘烈海戰，即歷史上有名的厓門之役。這場戰爭是南宋的生死存亡之役。這場戰役歷時二十多天，雙方投入兵力計五十餘萬，動用戰船二千多艘，最後宋軍全軍覆滅，宋朝也隨之滅亡，元朝繼之興起。

在這段歷史大事件中，令人興嘆的是，南宋戰敗後，大臣陸秀夫背著年僅九歲的少帝趙昺投海而亡，許多忠臣追隨其後紛紛跳入海中殉國，據說達十萬人。連趙昺飼養的白鷴愛禽也投海而死，這是個多麼感人的壯烈時代。在此國家興亡的關鍵時刻，所出現的宋末三傑，陸秀夫、文天祥和張世傑，都成為民族英雄；陸秀夫和張世傑隨幼帝投海，文天祥被俘關在北京府學胡同。元世祖愛才，欲強迫文天祥歸降。文天祥不從，被斬首而亡，留下「人生自古誰無死，留取丹心照汗青」的《正氣歌》，讓後人永久緬懷。

而故事中殉主的義鳥白鷴，是一種非常特別的、美麗而又高貴的鳥。白鷴，體型大，尾羽長，不擅飛行，多在地表結群活動，夜晚棲息於樹枝上。明代李時珍《本草綱目》曰：「白鷴，行止閑暇，故曰鷴」。

白鷴又名銀雞、白雉，主要分布在東亞與東南亞，包括中國、越南、寮國、緬甸與泰國等地。雄白鷴體長一百二十公分左右，尾部的長羽有六十公分，體重可達二公斤；雌鳥體型較小，約七十公分，一點三公斤重。雄鳥背部與翅膀是白色的，腹部與頸部為藍黑色，面部、肉冠與足部為紅色。雌鳥多為淺褐色。《禽經》中記載「似山雞而色白，行止閒暇」。

白鷴翎毛華麗、體色潔白，因為啼聲喑啞，所以稱為「啞瑞」；在中國文化中自古即是名貴的觀賞鳥，也是皇族和文人雅士所喜愛的鳥類，李白即酷愛此鳥，曾作〈贈黃山胡公求白鷴〉詩：「請以雙白璧，買君雙白鷴。」蘇軾亦寫過〈白鷴〉詩：「白鷴形似鵲，搖曳尾能長，寂寞懷溪水，低回愛稻粱。」而憐惜白鷴的名士則喜作放生善行，唐初的宋之問有詩〈放白鷴篇〉：「我心湖海白雲垂，憐此珍禽空自知。」清代畫家禹之鼎的「放鷴圖」，即是描繪文壇巨擘王士禎放生白鷴的名畫。清朝更把白鷴作為五品官服的圖案，讓白鷴圖像成為中國重要的文物之一。

白鷴，其忠烈殉主的精神，隨著中華文化永久流傳，這名貴又美麗的鳥，牠的存在已不止於名貴和美，牠的民族氣節、愛國情操，幾人能及！

白驢殉主

明末，張賊破蜀城。蜀藩率其子女宮人，投井死。王所乘白驢，躑躅其旁，亦跳入殉焉。

虞初新志

明末，張賊破蜀城。蜀藩率其子女宮人，投井死。王所乘白驢，躑躅其旁，亦跳入殉焉。

虞初新志

／白驢殉主

「白驢殉主」這幅漫畫所述說的是一個悲慘萬分且慘絕人寰的歷史故事。

明朝末年「張賊破蜀城」，指的是張獻忠破蜀入成都後屠殺百姓的歷史。在《中國斷代史系列・明史》中記載：「張獻忠之亂，蜀地基本為之一空。」當時四川人口大量減少，據分析張獻忠和清軍入城後的大屠殺都是原因。

崇禎十七年，張獻忠西進四川，建立大西政權，年號大順。後因各地明朝勢力反撲，張獻忠於順治二年七月，屠城成都，先殺男子，後逼婦女投江，鄉紳、士子、醫卜僧道亦被屠。順治三年又大殺川籍士兵，還派兵分剿成都府屬三十二州縣；定例每殺一人，剁兩手掌、割兩耳及一鼻解驗，准一功，婦女四雙手准一功，小孩六雙准一功。順治三年春，明總兵曾英進軍成都，張獻忠敗走，但是臨走前燒毀成都，「王府數殿不能焚，灌以脂膏，乃就燼。盤龍石柱二，孟蜀時物也，裹紗數十層，浸油三日，一火而柱折。」《聖教入川記》中記載張獻忠「性情暴虐，每日均殺人。大西的官員本有九百人。張獻忠離開成都時還有七百人。到他臨死時只有二十五人」。

「殺人如麻」的張獻忠當初入蜀時，蜀王及眷屬、當地巡撫、總兵皆投井自殺。即是此護生畫中所言「蜀藩率其子女宮人，投井死。」在那兵荒馬亂的當時，蜀王等若不殉國，必將死於張獻忠刀下。多麼悲慘的歷史故事，這種相互屠殺的情況，在人的世界中，是最常見的，其他動物甚少如此。

古今中外，發生過數不盡的戰爭，人與人，家族與家族，城邦與城邦，國與國間，多少恩怨情仇，多少國仇家恨，多少擄掠燒殺，多少血腥遍野，家破人亡！為何人間有這麼多的仇，這麼深的恨，非毀了對方並置之於死地不可！這都來自於食肉啊！人吃眾生肉，結下深仇大恨，願雲禪師所寫的詩：「千百年來碗裡羹，怨深似海恨難平；欲知世上刀兵劫，且聽屠門夜半聲。」以及人們常聽說的「迷人貪口福，不肯信佛說，殺吃以為美，福報享受得，因緣果報論，認為是妄說，焉知造殺業，演出刀兵劫。」食眾生肉，讓世間充滿了怨和恨，在六道輪迴中相互尋仇和砍殺，沒完沒了！

此護生詩畫中，有一頭有情有義且通人性的白驢，「王所乘白驢，躑躅其旁，亦跳入殉焉。」多感人啊！白驢投井殉主，這不是擺明了人要以動物為師嗎！不管人間多紛亂，白驢對主人的忠誠節義可是一點兒都不打折的，在人殺人的世界，顯得分外感人。

勇且智

石門吳又樂言：光緒庚辰知青浦縣，以公事至鄉，泊舟月城鎮。沿岸有竹籬，有童子六七，嬉戲其間。俄一童子失足墮水，男婦皆驚顧，而岸斗絕，不可下。又樂欲移舟救之，而牂牁維繫甚牢，且長年三老，皆散就酒家，一時不易招集。正愕眙間，忽有狗躍入水中，銜童子之衣，泅水而至對岸。蓋此岸峻削，而彼岸則陂陀可上也。狗曳童子登岸，其家人亦趨至，抱之起，幸無恙。

俞曲園筆記

石門吳又樂言：「光緒庚辰知青浦縣，以公事至鄉，泊舟月城鎮。沿岸有竹籬，有童子六七，嬉戲其間。俄一童子失足墮水，男婦皆驚顧，而岸斗絕，不可下，又樂欲移舟救之，而牂牁維繫甚牢，且長年三老，皆散就酒家，一時不易招集。正愕眙間，忽有狗躍入水中，銜童子之衣，泅水而至對岸。蓋此岸峻削，而彼岸則陂陀可上也。狗曳童子登岸，其家人亦趨至，抱之起，幸無恙。

俞曲園筆記

／勇且智

這幅漫畫，主角是人類的好朋友——狗，此畫是讚揚這隻狗的智勇雙全，及時拯救了一個小孩兒性命的故事。

這則故事取材自清代學者俞樾所著的《俞曲園筆記》。俞樾，號曲園居士，道光進士，官翰林院編修、國史館協修，治經學，旁及諸子雜說，受咸豐皇帝賞識，曾任河南學政，後罷官，晚年在杭州詁經精舍講學。平生勤奮治學，著作極豐，著有《春在堂全書》等；一般人耳熟能詳的《七俠五義》即是他的文學著作。

「勇且智」這則故事是一位住在石門地方的人士吳又樂所傳述的。吳又樂在光緒庚辰年時曾擔任過江蘇青浦縣的知縣。青浦位於上海市西郊，在太湖下游，黃浦江上游的地方。有一次他因為公事乘船下鄉，他乘坐的船就停靠在月城鎮。

他在船上，見到江岸的竹籬邊有六、七個小孩子在一旁遊戲玩耍。小孩子跑跑跳跳地玩得很高興，其中一個特別頑皮的，跑到竹籬外，一個不小心掉下陡坡墮入江水中。

在眾人的驚呼聲中，江岸邊的男人和女人們也驚嚇到了，都左看右看，想要下水去拯救墮水的小孩兒；但是那一帶的水岸，非常陡峻，無法下去。吳又樂見到這情景，想要幫忙，於是跑去解開船纜，想將船划過去救起小孩。但是船被船家繫得牢牢的，無法解開；兩三位船家，也都上岸到酒家去用餐了，一時之間也來不及將他們召回來；正在驚慌不知如何是好的時候，忽然見到一隻狗從岸邊跳入水中，用嘴咬著小孩兒的衣服，拚命游水，將小孩拖到對岸。

當人們驚慌不知所措時，只有那隻狗是理智而冷靜的，他觀察這邊的江岸陡峭，難以上下，而對岸地勢雖然傾斜不平坦，但是卻可以上岸的。這隻狗費力地將小孩兒拖行上岸，孩子的家人這時後也趕到，將小孩抱起，這孩兒命大，因為狗的英勇而撿回一條命。

這故事中的狗，其智慧和臨危應變的能力，大大超越了岸邊慌亂的人們。這狗當機立斷的果決，也勝過人們，真是一隻既勇敢又有智慧的好狗兒。親眼見到狗兒救人事蹟的吳又樂，相當感動。這事也因他的傳述而傳揚開來，在當時成為美談。

爲子復仇

瀛州團練使李廷渥涖邊郡日，虞人獲子母胡孫為獻。子甚小，繫在馬院。其子跳躍出院，為鵰所搏。母號呼奮躑，晝夜不絕，一旦囓其繩而逸之，捕之莫得，忽于庖中竊肉，置瓦溝上，潛身屋隙間，伺鵰下，躩跳而擒之。遽抉双目，次除兩翅，乃攜至廄舍，緩剖其腹，磔裂腸胃，陳之于前，哀號數聲，以祭其子，然後寸斷之，肉皆析為縷焉。廄吏驚報廷渥，睹而嘆息，遂令人送入山中。

友會談叢

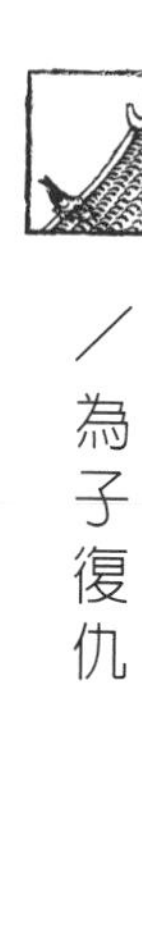

／為子復仇

閱「為子復仇」這幅畫，尤其是讀其題詞，讓人不忍掩卷嘆息！有情眾生遇這種事，悽慘之極也！

這則故事取材自《友會談叢》；此書為北宋上官融所撰，上官融曾二次以第一名考取進士，名動京師，但因丁父憂而未第，後來任信州貴溪主簿、蔡州平輿縣令、真州鹽倉等官職。善於議論，所交遊者皆為文人。著有《友會談叢》三卷。此書是他自幼跟隨父親身旁，以及每次與人飲酒談文、談論、談劇之餘所記錄下來的諧辭、俚語、臆說等整理撰寫而成的。

此書中「為子復仇」的故事，是描述瀛州團練使李廷渥所見到的事情。李廷渥到邊地任職那天，掌管山澤草木畋牧的虞人官為祝他新官上任，將捕獲的一對猴母子獻給他。李廷渥看到母猴懷抱中的小猴子甚是幼小，就把母猴綁在馬廄裡，讓牠可以哺育小猴子。小猴子頑皮好動，掙扎出母猴的懷抱跳到馬廄外面玩，這時一隻兇猛的老鷹從高空飛下，將小猴子叼走。母猴想要衝出去救援，但卻被繩子繫著，牠著急地大聲號叫還不斷撲跳，仍無法掙脫綁縛，只能眼睜睜地看著愛子被老鷹抓走，牠的心痛得如刀割一般。

愛子被捉走後，母猴接連幾天日夜哀嚎哭泣，終於有一天牠咬斷繩子脫逃了。李廷渥派部屬去捕捉母猴，都捕不到。此時忽然見到母猴跑進廚房偷了一塊肉，然後奔上屋頂，將肉放在屋瓦間的溝槽中，自己則躲在屋子的間隙中。這是聰明的母猴在誘捕老鷹的計謀。不久，老鷹果然上當了，只見老鷹從空中飛下來想將肉叼走，母猴趁其不備，一躍而上跳過去捉住了老鷹，立即將老鷹的雙眼挖出，接著咬下老鷹的雙翅，然後將老鷹咬到馬廄前，慢慢地剖開老鷹的肚子，將腸胃取出來像祭拜一般陳列於馬廄前的地上，哀號數聲，好似在為牠的愛子祭祀。祭祀儀式結束後，母猴又將老鷹撕成一片片，再撕成一條條的。牠完成了報復之舉，還要一洩心中之憤。

觀母猴的作為，可知牠內心生離死別的喪子之痛，真的令牠痛不欲生！尤其親眼見到愛子被擄，想像愛子被老鷹撕裂而食，為母者於心何忍！如何消受得了！憤恨使母猴興起報復之心，如此的報復舉動，真真慘烈也！

管理馬廄的差役，見到母猴這種瘋狂的報復行為，著實嚇了一跳，趕緊去向李延渥報告。李延渥趕到馬廄一看，不禁感慨嘆息。他不忍母猴喪子，心中慈悲心起，也明白動物跟人一樣有情識，一樣有愛怨之心，牠對母猴痛失愛子深感同情，於是令屬下將母猴送回山中，還牠自由，讓牠在林中生活。

報恩

紹興人周某，為賊劫至湖州，賊魁甚悍，一日有狗遺矢于地，賊魁怒，盡殺其所畜之狗，最後一黑狗，哀號若求免者，周頗與賊魁善，力請勿殺，從之，周以此狗寄養他所。居數月，周從賊中逃出，狗隨之行，至德清，宿枯廟中。及夕，狗忽登其榻。周驚起，則戶外有人切切耳語，蓋知其自賊中來，欲害之而取其所有也。周奪門出，數人露刃追之，狗狂噬，周得免。後繞道歸紹興，大風覆舟，周溺于水，狗亦入水，銜其衣曳之至岸，乃得不死。光緒元年，有人見周于杭州城隍山，狗亦尚在。

俞曲園筆記

紹興人周某，為賊劫至湖州，賊魁甚悍，一日有狗遺矢于地，賊魁怒，盡殺其所畜之狗，最後一黑狗，哀號若求免者，周頗與賊魁善，力請勿殺，從之，周以此狗寄養他所。居數月，周從賊中逃出，狗隨之行，至德清，宿枯廟中。及夕，狗忽登其榻。周驚起，則戶外有人切切耳語，蓋知其自賊中來，欲害之而取其所有也。周奪門出，數人露刃追之，狗狂噬，周得免。後繞道歸紹興，大風覆舟，周溺于水，狗亦入水，銜其衣曳之至岸，乃得不死。光緒元年，有人見周于杭州城隍山，狗亦尚在。

俞曲園筆記

／報恩

「報恩」這幅護生畫的典故，出自於《俞曲園筆記》一書。故事中描寫的是人救犬，犬救主的感人故事。

故事是這樣的，在浙江紹興地方有一位周某人，他有一次外出，不幸被盜賊所擒，還隨著賊寇一起被綁架到湖州。盜賊頭子非常剽悍，有一天有一隻狗在賊群紮營的地方拉屎，盜賊頭子相當生氣，就將賊營中所飼養的狗一隻隻殺死。當他殺到剩下最後一隻黑狗時，這隻狗不斷哀號，好像是在求饒，希望賊首刀下留情免牠一死。

在賊營待了一段時間的周某人，這時與賊頭有了一點交情，他看著這些無辜的狗死於非命，心中很不忍，於是就向賊頭力爭，為這隻黑狗求情，希望能留狗一條活命。賊頭竟然同意了，那條狗就這樣僥倖撿回一條寶貴的性命。周某人為黑狗討回一命，為了怕黑狗又被殺，因此將他寄養在別的地方。

過了幾個月，周某人找到機會逃出賊營，他帶著這隻黑狗一起逃命。他們來到德清這個地方，舉目無親無可依靠，於是找到一間廢棄的廟宇，暫時寄宿一晚。

睡到半夜時，黑狗忽然跳上周某人的床，周某人驚醒之後，聽到廟宇外面有人在竊竊私語，聽起來這些人知道周某人是從賊窩中脫逃的，想要加害他，並奪取他的財物。周某人一聽嚇壞了，趕緊奪門而出，狂奔而逃。外面的盜匪看見周某人逃走，立刻亮出白晃晃的刀子一路追趕。這時黑狗為了保護主人，英勇的向賊人狂吠，並撲過去咬盜賊。盜賊被咬傷，無法再追趕，周某人因此逃過一劫。

周某人帶著黑狗繞道走，他們乘船由水路返回紹興。船行途中，颳起一陣大風，將船給吹翻了。周某人掉進水中，黑狗也同時溺水。此時黑狗咬著主人的衣服，奮力地游水，將主人拖到岸邊，周某人才免於溺水而死。

這隻黑狗，真稱得上是義犬。牠屢次不顧自身危險的救護主人；在黑狗心目中，主人是牠的救命恩人，當主人遇難，牠湧泉以報，拚死都要保護主人。人與狗間建立起來的這種忠義情誼，是一種至善至美的愛，亦是儒家所謂的仁，佛家所說的慈悲。

據說一直到光緒元年時，還有人在杭州的城隍山見到周某人和這隻黑狗。這狗知恩報恩故事實在感人！

覓侶

無錫縣蕩口鎮民生得一雁將殺而烹之有書生見而憫焉買以歸畜之以為玩懼其逸去以線聯其兩翮使不能飛雁雜處雞鶩間亦頗馴擾惟聞長空雁唳輒昂首而鳴一日有群雁過其上此雁大鳴忽有一雁自空而下集于屋檐兩雁相顧引吭奮翮若相識者一欲招之下一欲引之上書生悟此兩雁必舊偶也乃斷其線使飛而此雁垂翅既久不能奮飛屢飛屢墮竟不得去屋檐之雁守之終日忽自屋飛下相對哀鳴越日視之則俱斃矣書生感其義合而瘞之名曰雁冢

俞曲園筆記

無錫縣蕩口鎮，民生得一雁，將殺而烹之，有書生見而憫焉，買以歸，畜之以為玩。懼其逸去，以線聯其兩翮，使不能飛。雁雜處雞鶩間，亦頗馴擾，惟聞長空雁唳，輒昂首而鳴。一日，有群雁過其上，此雁大鳴。忽有一雁自空而下，集于屋檐，兩雁相顧，引吭奮翮，若相識者，一欲招之下，一欲引之上。書生悟此兩雁必舊偶也，乃斷其線，使飛。而此雁垂翅既久，不能奮飛，屢飛屢墮，竟不得去。屋檐之雁，守之終日，忽自屋飛下，相對哀鳴。越日視之，則俱斃矣。書生感其義，合而瘞之，名曰「雁冢」。

俞曲園筆記

／覓侶

「覓侶」這幅護生畫的故事，很特別，也很感人，雖然是講述兩隻雁的愛情故事，但是讓人深省，從雁想到人，問世間情深幾許，問世間情是何物！讓人為愛痴迷，為失去愛而痛心疾首。

這個故事發生在江蘇無錫蕩口鎮這個地方。有一位住在鎮裡的人，捕捉到一隻大雁，正想將雁宰殺後烹調進食，這時有一個讀書人經過，看見這位鎮民要宰大雁，心生不忍，覺得大雁好可憐，就出錢將大雁買下，免牠一死，然後將大雁帶回家飼養，並時加賞玩。這位書生喜歡這隻大雁，把牠當成玩物，又怕大雁會飛走，於是用線將雁兩隻翅膀中間的硬管穿綁起來，使雁不能飛翔。

書生將這隻大雁跟雞和鴨養在一起，雁處於雞鴨群中，甚是溫馴。只有當空中有雁飛過並鳴叫時，牠才會抬起頭來跟著叫幾聲。

有一天，空中又有雁群飛過，書生養的這隻雁，彷佛聽到了什麼特別的聲音，大聲地鳴叫起來。這時，在空中飛翔的大雁中，有一隻忽然凌空而降，停留在屋簷上；地上和屋簷上的兩隻雁互相凝望著，並引吭高鳴，還振翅飛撲，彷佛是舊識；屋簷上的雁好像大叫著你快飛上來啊！而地上的雁則大叫著你快飛下來啊！

書生看兩隻雁的行為舉止，領悟到他們必是昔時的配偶，於是將綁在地上那隻雁兩翼間的線剪斷，要讓牠飛走。但是這隻雁雙翼被綁紮太久，已經不能飛了，牠試著振翅而起，奮力想飛上天，但是試了幾次，都失敗了，真的飛不動了。屋簷上那隻雁守候了整天，見到伴侶無法飛行，牠忽然飛了下來，兩隻雁相對哀鳴，鳴聲久久不斷。

第二天，書生再去看雁，兩隻雁都死了。書生心中感動之餘，將兩雁合葬一處，並將雁的埋身處取名「雁冢」，以茲紀念。

雁夫妻間的情意，一點都不輸給人類。兩雁相互哀鳴時，人類聽不懂他們的語言，但是可以想見牠們的對話，必定是：「愛妻啊！你飛吧！海闊天空任你飛翔，別管我了，你快去吧！」而雁妻則說：「夫君啊！你不走我也不走了，我跟你一起死在這裡了！」夫妻倆哀哀鳴叫後雙雙殉情而死！

真叫人震撼！誰說人間才有真情！動物之間的夫妻之情更勝人類哩！

躍出深水

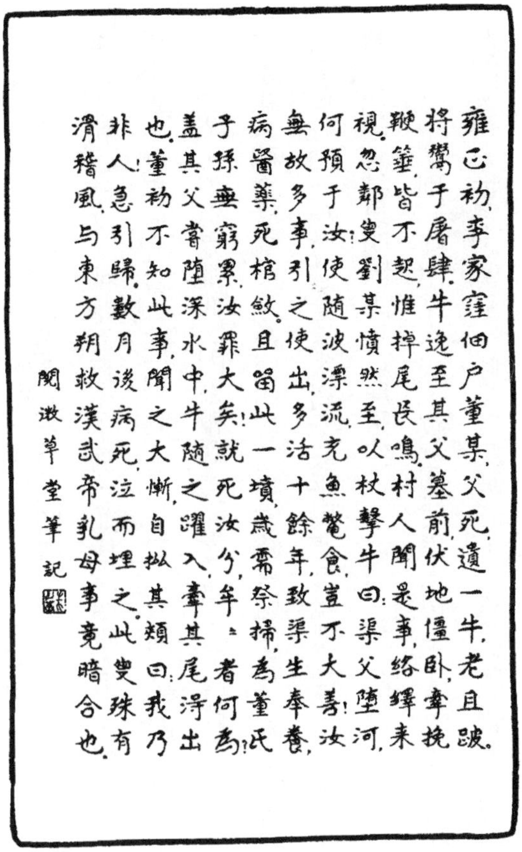

雍正初，李家窪佃戶董某，父死，遺一牛，老且跛，將鬻于屠肆。牛逸至其父墓前，伏地僵臥，牽挽鞭箠，皆不起，惟掉尾長鳴。村人聞是事，絡繹來視，忽鄰叟劉某憤然至，以杖擊牛曰：「渠父墮河，何預于汝，使隨波漂流，充魚鱉食，豈不大善！汝無故多事，引之使出，多活十餘年，致渠生奉養，病醫藥，死棺斂。且留此一墳，歲需祭掃，為董氏子孫無窮累，汝罪大矣！就死汝分，牟牟者何為？」蓋其父嘗墮深水中，牛隨之躍入，牽其尾得出也。董初不知此事，聞之大慚，自批其頰曰：「我乃非人！」急引歸。數月後病死，泣而埋之。此叟殊有滑稽風，與東方朔救漢武帝乳母事竟暗合也。

閱微草堂筆記

雍正初，李家窪佃戶董某，父死，遺一牛，老且跛，將鬻于屠肆。牛逸至其父墓前，伏地僵臥，牽挽鞭箠，皆不起，惟掉尾長鳴。村人聞是事，絡繹來視，忽鄰叟劉某憤然至，以杖擊牛曰：「渠父墮河，何預于汝，使隨波漂流，充魚鱉食，豈不大善！汝無故多事，引之使出，多活十餘年，致渠生奉養，病醫藥，死棺斂。且留此一墳，歲需祭掃，為董氏子孫無窮累，汝罪大矣！就死汝兮，牟牟者何為？」蓋其父嘗墮深水中，牛隨之躍入，牽其尾得出也。董初不知此事，聞之大慚，自批其頰曰：「我乃非人！」急引歸。數月後病死，泣而埋之。此叟殊有滑稽風，與東方朔救漢武帝乳母事竟暗合也。

閱微草堂筆記

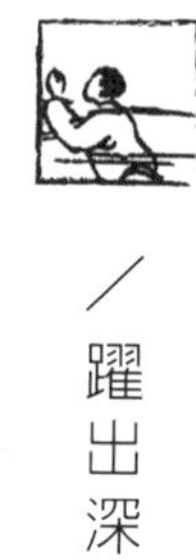

／躍出深水

「躍出深水」這幅漫畫取材自《閱微草堂筆記》一書，這書是清朝紀昀（紀曉嵐，乾隆進士，精通詩文，博學而無所不通，並任《四庫全書》總纂。）所編寫的筆記型式的短篇志怪小說，全集分五書，共二十四卷，一二〇八則，約四十萬字。內容主要是搜羅民間流傳的鄉野怪譚，如狐鬼神仙、因果報應、勸善懲惡及奇情軼事。內容幾乎全是人、鬼、狐的記載，可媲美《聊齋誌異》。藉由內容暗喻當時官場百態、宋儒的空談、諷刺道學家、揭露社會人心貪婪枉法及保守迷信，卻對一般平民悲慘境遇表達出深刻的同情與悲憫。每則故事之後皆有一二語總結以明因果、以理是非。

其中這則「躍出深水」，敘述清朝雍正初年，李家窪這村莊發生的故事。有一名佃戶董某的父親去世了，留下一條又老又跛的牛，董某想要將老牛賣到市場去屠宰。老牛似乎知道少主人的心思，於是跑到老主人墳前跪倒伏在地上一動也不動，用力拉牠或用鞭子打牠，牠都不肯起來，只是搖著尾巴，一聲聲地哀叫著。

村民聽說了這件事，紛紛跑過來看。這時候鄰居劉老頭忽然出現，很生氣地用手上拄著的拐杖去打這頭老牛，嘴裡還大罵著：「他父親有一次掉到河裡去，關你老牛什麼事？你讓他隨水流走，給魚鱉吃掉就好了，為何要多事的跳進水中，將他救起來，讓他又多活了十幾年，讓他兒子要奉養他，生病了要看醫生吃藥，死了還要買棺木埋葬他。而且還留了座墳，每年要掃墓祭祀，讓董氏子孫增添了許多麻煩事，你的罪可大了！你真該死！還叫什麼叫？」

原來董某人的父親曾經不小心失足墮入深水中，牛見主人落水，立即跟著跳入水中，讓主人捉住自己的尾巴，再游回岸邊，牛救了溺水的主人。董某人並不知道這件事，他聽劉老頭這麼說之後，非常慚愧，不由打起自己耳光還邊罵道：「我不是人！我不是人！我太不應該了！」於是立即將老牛牽回家中奉養。過了幾個月，老牛死了，董某人悲傷地含著眼淚將老牛埋葬。

這位鄰居劉老頭，言語流暢能言善辯還指桑罵槐，滑稽得讓人發笑，很像《西京雜記》一書中東方朔救漢武帝乳母的故事。當時漢武帝的乳母犯了事，漢武帝想要告誡她，乳母求救於東方朔。朔教乳母什麼話都不要說，只要不斷望著皇上，要走時也不斷回頭看皇上就行了。乳母照著做後，隨侍一旁的東方朔故意說道：「你發傻啦！皇上那還記得你對他的哺乳之恩呀？」漢武帝很戀舊恩，於是原諒乳母之過，並敕免其罪。

這兩則故事還真不謀而合呢！

撫孤

衛衙梓巢，鸖父死于弩。頃之，眾擁一雄來，匹其母，母哀鳴百拒之。雄卻盡啄殺其四雛。母益哀頓以死，群凶乃挾其雄逸去。

虞初新志

衛衙梓巢，鸖父死于弩。頃之，眾擁一雄來，匹其母，母哀鳴百拒之。雄卻盡啄殺其四雛。母益哀頓以死，群凶乃挾其雄逸去。

虞初新志

／撫孤

「撫孤」這則漫畫，出自於《虞初新志》一書。

故事述說鳥的世界中亦有像人類一樣的惡霸，凌弱欺孤，與人類社會沒有兩樣，此故事的感人處在於被欺凌的雌鸛鳥護子不成，哀戚而死的悲慘境遇。

故事中的主角鸛鳥，人稱送子鳥。是體型碩大的鳥類，體長可達一百二十公分，展開雙翼約有二百二十公分，體重達四點四公斤。

這個悲慘的故事發生在衛國，在縣衙旁的樹林中，有一棵的高大的梓樹，樹上有一個鸛鳥夫婦所築的窩巢。鸛鳥夫婦在窩裡養育了四隻小鸛鳥。小鸛鳥羽翼未豐，且嗷嗷待哺。此時鸛鳥夫妻責任重大，日日辛苦出外覓食，善盡為父為母職責，盡心盡力撫育小鳥。

但是不幸的事發生了，有一天雄鸛鳥被人類用弓箭射殺了，雌鸛鳥哀淒之餘，只能含悲忍淚獨自撫孤，成了一位單親媽媽。

但是，雄鸛鳥才死不久，很快的有一群凶惡的鳥，擁著一隻雄鸛鳥來到梓樹上，硬要將這隻新來的雄鸛鳥與雌鸛鳥送作堆。但是想專心撫育小鳥的雌鸛鳥，此時不肯接受陌生的雄鸛鳥，牠哀哀鳴叫，一次又一次地拒絕了雄鸛鳥。雄鸛鳥求歡不成，惱羞成怒，於是將巢中四隻小幼鸛都給啄死了。

雌鸛鳥愛子心切，原是為保護小幼鸛才拒絕雄鸛鳥的追求，希望能保住自己的小孩。因為有些動物，為了要繁殖自己的後代，會將非自己所生的孩子殺死。沒想到雌鸛鳥百般拒絕，雄鸛鳥依然兇狠地將幼雛給殺害，雌鸛鳥無力保護自己的孩子，悲傷欲絕。失去幼鳥的雌鸛鳥，哀哀哭泣，最後以頭撞擊樹幹而死。

一群將兇狠的雄鸛鳥帶來這棵樹上的惡鳥們，見到雌鸛鳥和小鸛鳥都死了，此時又再度挾持著雄鸛鳥揚長而去。

這是個什麼世界啊？竟連鳥類也會發生霸凌事件，還造成如此重大死亡慘劇，真是不可思議哩！這則雌鸛撫孤護子的故事，讓我們看到鳥世界和人的世界一樣，當一位單親媽媽是多麼不易，要面對社會、經濟和人情的壓力，那種艱難辛苦，只有親身經歷者才能體會。

願同塵與灰

成化六年十月間，鹽城天縱湖漁父見鴛鴦甚多。一日，弋其雄者烹之。其雌者隨棹飛鳴不去。漁父方啟釜，即投沸湯中死。

虞初新志

成化六年十月間，鹽城天縱湖漁父見鴛鴦甚多。一日，弋其雄者烹之。其雌者隨棹飛鳴不去。漁父方啟釜，即投沸湯中死。

虞初新志

／願同塵與灰

這則取材自《虞初新志》的故事，是發生在明獻宗成化年間，地點在直隸淮安府的鹽城地方。鹽城位於江蘇省中部，東瀕黃海，是江蘇沿海城市之一。

話說在明憲宗成化六年時，鹽城的天縱湖，每天都可見到許多鴛鴦在湖面上隨波飄蕩，悠然覓食。鴛鴦一向為人們所喜愛，人人都欣賞鴛鴦的美和鶼鰈情深，見到鴛鴦，就會聯想到愛情彌堅，沒人會想在湖面上打一隻鴛鴦，加以殺害後烤來吃或煮來吃。但是在天縱湖邊就有這麼一位沒有浪漫情懷，只知貪得口腹之欲的漁夫，在湖上打魚時，見到這麼多鴛鴦，一時嘴饞，想換個口味，竟然不吃自家帶來的食物，也不吃湖裡打上來的魚，突發奇想的張開弓箭，瞄準湖上一隻鴛鴦射去。

「咻！」的一聲，利箭射中一隻雄鴛鴦，漁夫立即就在船上將鴛鴦去毛剖肚，並生火煮食。

鴛鴦在繁殖期間都是出雙入對的，而且是一夫一妻的，雌鴛鴦見到自己的夫君被漁夫殺死，心中悲痛不已，聲聲哀鳴，並在小船邊飛來飛去不肯離開。

漁夫一心只想嘗鮮，根本不理會雌鴛鴦的悲傷，繼續在船上的小爐前搧火煮著那鍋雄鴛鴦鳥。水終於煮開，鍋邊冒出蒸氣，漁夫伸手將鍋蓋掀開時，在船旁盤旋不去的雌鴛鴦，此時竟然向船上衝過去，並飛身投入掀開的熱鍋中，為死去的夫君殉情。

多叫人驚駭啊！雖然此幅護生詩的題辭中只寫到此，即嘎然而止，沒有下文，但可以想像那位漁夫有多驚嚇！有多懊悔！相信只要有一絲同情心或憐憫心的人，都會為雌鳥的殉情所震撼和感動。

殺死一隻鳥，另一隻卻自動來陪葬，真不可思議！因為鴛鴦夫妻情深，愛侶死了，不忍獨活，而寧願追隨夫君於地下，化成灰化為塵都不願分離。這跟歷史中許多貞潔烈女足可媲美，但卻不是一般人可以效尤的。

鴛鴦殉情，如此慘烈，文章雖點到為止，但對那位漁夫來說，是終身難忘的經驗，必也終身懊悔不止吧！

讀了這樣一幅畫和題詞，對鴛鴦，這森林和水邊的精靈，是否生出不一樣的感情！甚且延伸至地球上所有鳥類朋友。

這更讓人想起曾獲得諾貝爾文學獎的愛爾蘭劇作家蕭伯納說過的一句話：「動物是我的朋友，我不會去吃我的朋友。」

殉侶

王一槐，教諭銅陵，有民舍除夜燎煙，辟除不祥。一雁偶為煙觸而下。其家以為不祥也，烹之。明日，一雁飛鳴屋頂，數日亦墮而死。

虞初新志

王一槐，教諭銅陵，有民舍除夜燎煙，辟除不祥。一雁偶為煙觸而下。其家以為不祥也，烹之。明日，一雁飛鳴屋頂，數日亦墮而死。

虞初新志

／殉侶

「殉侶」也是一則令人哀悽的鳥類愛侶殉情故事，出自於《虞初新志》一書。

人間有「愛到深處無怨尤」這句話，愛到深處，這深處到底有多深，是一種什麼樣的感情？愛到可以完全放下自己，不顧一切的生死相隨嗎？這種事，在人世間時有所聞，沒想到在動物世界中竟更常聞之。

這則有關於雁殉情的故事，發生在安徽省南部的銅陵市，此地濱臨長江，是長江下游重要的港口之一。銅陵自古以來即以產銅著稱於世，是中華民族值得驕傲的燦爛的青銅文化發祥地之一。此地採銅和冶煉銅的歷史，始於商周時代，故有「中國古銅都」之稱。

「殉侶」這故事的流傳，始於一位叫王一槐的讀書人，他應聘在銅陵一戶人家當教書先生，這是他親身見聞的一件令人感動的奇事，因此記錄而流傳下來。

故事是這樣的，有一年的除夕，有一戶民居燃燒艾草驅邪，想在過年時趨吉避凶。由於艾草在燃燒時產生大量煙氣，冉冉升空，剛好有一群雁飛過，其中一隻被煙燻昏了，從空中掉了下來。那家人認為這是一種不祥的徵兆，就把那隻雁撿起來，拿到廚房烹煮，並將其吃了。

第二天，有一隻雁飛到那戶人家的屋頂上，不斷鳴叫，似乎是在尋找昨日失蹤的那隻雁。想必這兩隻雁是一對夫妻吧！他們昨天在空中飛行時，是成雙成對的，可身邊的配偶被煙燻迷了，掉下地來，另一隻一直等待配偶返家，但是到了第二天，愛侶依然未歸。家人失蹤當然著急，於是第二天牠急急尋了來，在偶伴掉下去的地方，不斷鳴叫尋找，呼喚自己心愛的另一半。

這隻孤單的雁，並不知道牠的愛侶永遠都不會回來了。牠在那戶人家屋頂上連續叫了幾天，他的伴侶都沒有現身，牠終於心知肚明，愛侶一定是遭遇不測了，悲傷之虞，牠也不願獨自活下去，於是墮地而亡。

這是一種什麼樣的感情！直叫人生死相許，還生死相隨！若此時解剖那隻墮地的雁，一定肝腸寸斷吧！

這事讓王一槐太感動了，一定也感動了許多人。這種愛，真可比美人類呢！大家都知道，人跟人不要比，人跟動物更不能比。生死相隨固然美又浪漫，但是為對方殉情，是不被鼓勵的。在眾生界，這是一種因果業力的牽扯，是一張跳脫不出的綿密的網。

儘管如此，當人們聽到殉情的故事，總是感嘆和惋惜。但是聽聞雁為愛侶殉情，更叫人嘖嘖稱奇和感佩；對釀成這樁悲劇的人，難免生出指責之意。

仁且智

嘉靖乙卯，胡撫鎮賢，統兵禦倭，至臨山，少憩樹下，見屠兒將解一牛。一犢尚隨乳，將利刃銜至車薄內，以蹄蹈沒泥中，屠兒遍索不淂。

虞初新志

嘉靖乙卯，胡撫鎮賢，統兵御倭，至臨山，少憩樹下，見屠兒將解一牛。一犢尚隨乳，將利刃銜至車薄內，以蹄蹈沒泥中，屠兒遍索不得。

虞初新志

／仁且智

「仁且智」這幅護生畫的主角，是一頭還在吃母乳的小牛仔，但是這頭小牛仔卻因為愛媽媽，在媽媽生死關頭時，生出急智，救了媽媽一命。

這則取材自《虞初新志》的故事，發生在明世宗嘉靖乙卯年間，當時有一位帶兵的撫鎮，名叫胡賢；有一次，胡賢帶領軍隊去抵禦倭寇。行軍至臨山的時候，大隊人馬在村鎮旁的大樹下暫時歇息。

這時候，胡賢見到一位屠夫，牽著一條牛走過來，準備要宰殺。這頭牛的身邊還跟隨著一頭小牛仔，小牛還在吃母乳。

母牛似乎知道自己即將被殺，牟牟地叫著，似乎在向小牛傳遞著信息，也在向愛兒做臨死前告別。在生離死別的當兒，母牛的叫聲一定哀戚，臉上必定也淚漣漣的。小牛仔收到母親傳遞的消息，知道媽媽即將遭逢劫難，心中既難過又不甘，牠需要媽媽，不能沒有媽媽，此時牠必須採取行動拯救媽媽。小牛的鎮定令人感佩，牠小小年紀不慌不忙，臨危不亂地趁屠夫不留意時，用嘴將屠刀啣了起來，趕緊走得遠遠的，將刀子藏在泊車的地方，還用自己的蹄子用力將利刃踩進泥土中藏好。

待屠夫將母牛綁好，準備要宰牛時，刀子不見了，屠夫尋遍各處，怎麼也找不到。讀者諸君看到這裡，相信人人都希望屠夫了解小牛仔不能失去媽媽的用心，並被小牛仔救母的愛心所感動，即然找不到刀子，就不要再殺這頭牛了。若讀者能這樣想，那就生起慈悲心了，這就是善根的種子，也就是功德，能提升靈性。

小牛仔對媽媽的愛，讓牠急中生智，且勇敢地付諸行動，解救親愛的媽媽，讓媽媽能免於一死。這種仁愛之心，連小牛都懂；但是人類的小孩還在襁褓中時，卻非常柔弱，需要媽媽照顧，完全依賴媽媽，什麼也不會做，更別提能在媽媽遇難時出面解救媽媽了！人不如牛哩！

讀者諸君讀過很多母愛的故事，講述為母則強，母親如何犧牲自己，護佑愛兒；或是愛兒受困遇難，為母者不願獨活等等事蹟。這種事經常發生在人間，但有情眾生界的其他動物當了母親，亦能表現出與人類母親一樣的母愛；而此則故事是以不同角度來詮釋親子之間的愛，以小牛仔為主角，描述小牛救母的經過。

如此的小牛，真惹人憐愛！人們怎忍心屠殺其母，而讓這頭小牛成為孤兒呢？

願共甘苦

夔峽間有子母鵲，比常鵲差大，雌雄未嘗相離。虞者必雙得之。閉雌于籠中，縱雄出食，〻飽輒歸。縱雌亦然。若双縱，則徑去不復返矣。

隨手雜录

夔峽間有子母鵲，比常鵲差大，雌雄未嘗相離，虞者必雙得之。閉雌于籠中，縱雄出食，食飽輒歸，縱雌亦然。若雙縱，則徑去不復歸矣。

隨手雜錄

／願共甘苦

「願共甘苦」是一則與鳥類朋友相關的感人故事。此故事出自於筆記體小說《隨手雜錄》一書。此書是北宋詩人，也是知名畫家王鞏所著。王鞏，號清虛居士，魏州人，他是宰相王旦之孫，工部尚書王素之子。長於詩，與蘇軾是知交好友。元豐二年八月，因烏臺詩案貶賓州（今廣西賓陽）任監鹽酒稅務之職。歌妓宇文柔奴（別名寓娘）毅然隨行到嶺南。在瘴煙之地待了五年，卻不受瘴癘影響依然面如紅玉，蘇東坡甚為敬服。著有《隨手雜錄》、《甲申雜記》、《聞見近錄》、《王定國詩集》、《王定國文集》、《清虛雜著補闕》等書。

這則故事講述的是夔峽這地方有一對子母鵲的感人故事。夔峽是長江流域的一段峽谷，一般稱為瞿塘峽，與巫峽、西陵峽並稱為長江三峽。夔峽指的是從白帝城，即奉節到大溪鎮這一段，全長約有八公里，是三峽中最短的一段峽谷，但以宏偉壯觀而著稱。此段峽谷中，江面最窄處不到一百公尺，最寬處也不超過一百五十公尺。峽口有赤甲、白鹽兩山相對，稱為夔門，有「夔門天下雄」之稱。

在這雄偉俊秀的峽谷中有一種叫子母鵲的鳥，牠們的體型，比一般的鵲鳥稍微大些。子母鵲成年配對後，一夫一妻恩愛相守直到白頭，彼此都不會離棄對方。在山澤中的捕獵者深知子母鵲的特性，知道若想捕捉子母鵲，必須將雄鳥和雌鳥一起捕獲，回來後還得飼養在一起，才養得活。

捕獲一對子母鵲時，只要將雌鳥關在籠子裡，放雄鳥出去覓食。這隻雄鳥吃飽了，一定會飛回籠子裡，絕不會獨自飛走，棄妻子於不顧。放雌鳥出去覓食也一樣。但是若兩隻一起放飛，牠們相偕出去後，夫唱婦隨，就不會再飛回來了。

真是奇鳥啊！愛情如此堅貞，真是你泥中有我，我泥中有你，完全的分不開，比人類還要珍惜感情。像這樣的鳥，是值得人們尊敬和愛惜的，但是人們卻利用牠們不離不棄的愛，願同甘共苦，相愛相守的至情而將之囚禁玩弄，真是情何以堪！

救命

湖州顏氏，夫婦出傭，留五歲女守家。溺門前池內。家有畜犬，入水負至岸，復狂奔至傭主家，作呼導狀，顏驚駭歸家，見女伏地，奄奄氣息，急救乃甦。

虞初新志

湖州顏氏，夫婦出傭，留五歲女守家。溺門前池內。家有畜犬，入水負至岸，復狂奔至傭主家，作呼導狀，顏驚駭歸家，見女伏地，奄奄氣息，急救乃甦。

虞初新志

／救命

「救命」，總在即將失去性命的千鈞一髮之間，遇救命恩人因而得救。救人一命，對保住性命的人是多大的恩惠啊！簡直是再生父母！

此幅護生畫中落水小女孩的救命恩人，是自己家中所畜養的一隻狗，這隻狗救了小主人，對狗來說，是盡忠職守，一點都不會居功邀賞。狗的忠誠和不計較，真是人類最好的夥伴。

話說在浙江省北部的湖州，位於杭州市、嘉興市以及江蘇省蘇州市、無錫市和安徽省宣城市的中間，因為濱太湖南岸，因而被命名為湖州。此地不但是魚米之鄉，更是著名的蠶鄉，為中國歷史上的四大綢都之一，也是世界絲綢文明的發祥地之一。湖州、嘉興、杭州的平原地帶被稱為杭嘉湖平原，從古至今都是浙江省及全中國經濟最發達的地區之一。

從前在富庶的湖州地方，住著一對姓顏的夫婦，有一天夫婦兩人同時外出去打工幫傭，家中沒有其他人可以照顧小孩，因此他們把一個五歲大的女兒獨自留在家中。

從前人家為了防火，會在家門前建一個蓄水的池塘，這個五歲的小女孩兒，在門口的水池邊玩耍，一不小心跌進池中。小女孩不會游水，在水中掙扎，即將溺斃。此時，顏氏夫婦家中飼養的狗兒見狀，立即跳入水中，將小女孩救起，用嘴咬著小女孩的衣服，把小主人拖到岸邊。小主人喝下許多水，鼻子也被水嗆住，已經昏迷過去，氣息微弱。狗兒狂奔出去，到顏氏夫婦幫傭的人家，不斷狂吠，彷彿是在告訴主人家裡出事了，並呼叫主人趕緊跟隨牠回家！顏氏夫婦，知道家中養的狗不會無故如此狂叫，見狀都嚇壞了，急忙跟著狗兒回家。才跑到家門口就見到五歲的女兒伏臥在地上，奄奄一息，趕快加以急救，幸好還來得及，幸運地將女兒的命救回。

這隻狗，真是義犬！主人家平日對待牠必定如同家人般愛惜，狗兒也愛主人一家，而且這狗也特別有靈性，能即時跳入水中救起小主人，還會狂奔去求救，只要少了一個動作，只救人，不求救，小女孩都活不成。

如此義犬，與家人感情彌篤，說不定前世是人喔！此生轉入畜生道，再與恩人結緣，而前來報恩。

不管是不是如此，有如此好狗兒，當然要好好疼惜！

報告火警

上黨人盧言，嘗見一犬，羸瘦將死，憫而收養。一日醉寢，而鄰火發。犬忙迫，乃上床，于言首嘷吠，又銜衣拽之。言驚起，火已爇其屋柱。突煙而出，始得免。

虞初新志

上黨人盧言，嘗見一犬，羸瘦將死，憫而收養。一日醉寢，而鄰火發。犬忙迫，乃上床，于言首嘷吠，又銜衣拽之。言驚起，火已爇其屋柱。突煙而出，始得免。

虞初新志

／報告火警

這則「報告火警」是出自《虞初新志》一書中的故事，講述的也是一隻義犬的事蹟。

這隻義犬的主人名叫盧言，是上黨人。上黨這地方，古時候稱為長治。位於山西省東南部，西屏太岳山，東倚太行山，與河北、河南為鄰；因為地勢相當險要，自古以來就是兵家必爭之地，因而有「得上黨可望得中原」之說。「上黨」這兩字的意思，就是高處或上面的地，因為此地位居「太行山之巔，最高處與天為黨」而得名。上黨是中華民族史前神話如神農嘗百草、女媧氏補天、后羿射九日、精衛填海等古代文明傳說的發源地。

故事的主角，上黨人盧言，有一天出門在外，在路上見到一隻身形羸弱，眼看即將死去的狗，那樣子實在怪可憐的，他一時慈悲心起，萬分不忍，憐憫這隻狗流浪在外，居無定所又三餐不濟，於是將狗帶回家中，收養牠，照顧牠，給牠一個溫暖的家。

這隻流浪犬在盧言家安定下來，成為家犬，守護這個家。日子就這麼平順的過著。有一天，盧言和幾個好友喝酒言歡，多喝了幾杯，醉倒了，睡覺時攤在床上已醉得不省人事。那晚，不幸的事發生了，隔壁鄰居不知為何竟失火了，一時之間熊熊火勢一發不可收拾。附近人家見狀都趕緊逃命，火劈啪地燃燒聲加上人聲鼎沸，在如此紛亂吵嚷中，盧言依然醉臥不醒，完全不知危險將至。此時，守在他床下的狗，可著急了，拚命大叫，想叫醒他趕緊逃命，但是盧言真是宿醉難醒，怎麼叫都沒用，眼看火勢逼近，這隻狗更急了，於是跳到盧言床上，在他頭旁邊狂吠，接著又用自己的嘴啣著盧言的衣服，用力拉他。這下盧言終於醒來，一看失火了大驚，此時大火已經在他家四處燃燒，連柱子都著火了，屋中煙霧瀰漫，再不跑，房子可要倒了。於是他趕緊衝出煙霧，跑出屋外，才免得一死。

若沒有這隻狗，盧言鐵定一命嗚呼了。所以盧言當初在路邊撿回這隻奄奄一息的狗，說是因慈悲心起救了狗，其實現在想來，是救了自己一命。

義犬救主，都是如此直接毫不矯情，既不邀功也不求回報，只因為牠愛主人，忠於主人。很多人都說，養兒子不如養一條狗，狗會無條件愛主人，兒子可不一定呢！

二家村

大慈山之陽，有拱木，上有二鵲，各巢而生子。其母一為鷙鳥所搏。二子失母，其鳴啁啁，其一方哺子，見而憐之，赴而救之。即銜置一處哺之，若其子然。

虞初新志

大慈山之陽，有拱木，上有二鵲，各巢而生子。其母一為鷙鳥所搏。二子失母，其鳴啁啁，其一方哺子，見而憐之，赴而救之。即銜置一處哺之，若其子然。

虞初新志

／二家村

子愷先生選自《虞初新志》中這則「二家村」的護生畫，是鳥類世界中「幼吾幼以及人之幼」的愛心故事。

「幼吾幼以及人之幼」是儒家思想，難不成鳥類也讀儒家書，懂得二千年多前亞聖孟子的思維？

當然不是，而是這樣的儒家思想符合人性，也符合其他眾生性情，所以鳥類朋友也能自然地發揮這種愛心。

故事是這樣的。在大慈山的南面，有一棵樹，樹幹大約有兩人合抱這麼粗，在樹幹的杈椏處，築有兩個鵲鳥的窩巢。兩個窩巢裡各住著一對鵲鳥，兩位鵲鳥媽媽都在巢內生下蛋，並孵出幼雛；兩位媽媽各自辛勤的在哺育著自己的孩子。

這兩個窩巢，築得這麼近，使兩家成為好鄰居，你一家，我一家，和睦相處，彼此也聲息相通。這兩個生活在一起的鵲鳥家庭，組成了一個小小的二家村。這多像人類社會中人們各有自己的家，但也有左鄰右舍，一起生活在同一個社區啊！

這近在咫尺的兩個鵲鳥家庭，其中一隻母鳥，有一天出外覓食的時候，被凶猛的老鷹捉走，再也沒回來了。不幸遇難的母鳥，遺下兩隻幼鳥，盼不到媽媽回巢，肚子餓得唉唉啼叫，聲音「啁！啁！啁！」的，甚是哀淒！

鄰居的雀鳥媽媽，也出外覓食，牠平安歸來，正在餵養心愛的孩子。牠見到隔壁鄰居，久未歸巢，留下嗷嗷待哺的幼子，知道一定出事了。唉！可憐的孩子，還不知道自己已經成為孤兒了呢！牠們的媽媽再不回來，巢中的孤兒不久就會餓死了！這位鄰居，實在不忍心小鳥失去母親，還要被活活餓死，於是飛過去將小鳥一隻一隻叼回自己巢中，當自己孩子一樣的哺育起來。

有愛心的鵲鳥媽媽，這種撫育鄰家孤兒的行為，發乎情，止乎愛，多麼自然，這種愛的流露，是儒家的「仁」。《孟子・梁惠王上》篇中，「老吾老以及人之老，幼吾幼以及人之幼。」的思想。這是孟子對理想社會的憧憬，這種想法，與孔子「人不獨親其親，不獨子其子，使老有所終、壯有所用、幼有所長、矜寡孤獨廢疾者皆有所養。」的大同世界思想是一脈相承的。

鵲鳥媽媽「幼吾幼以及人之幼」，所以牠除了要養育失怙的小鳥，還要教養牠們，讓牠們能吃飽、成長，在牠們羽翼豐滿時，還得教牠們飛行，讓牠們獨立；這擔子很重，但是鵲鳥媽媽的慈悲心，讓牠不計較、不後悔地擔起了這個重任。

鵲鳥都能有如此美德懿行，怎不令人疼惜！人類當然不能隨便傷害牠們，要讓牠們自由自在不受打擾的生活在林間。

智能勝力

衢州里胥，至貧民家督賦，民祇有一哺雞，擬烹之。胥止勿殺，後再至，見雞率群雛，向前踴躍，有似相感之狀。胥行百步遇虎，忽見雞飛撲虎眼，胥因奔免。

虞初新志

衢州里胥，至貧民家督賦，民
祇有一哺雞，擬烹之。胥止勿
殺，後再至，見雞率群雛，向前
踴躍，有似相感之狀，胥行百
步遇虎，忽見雞飛撲虎眼。胥
因奔免。

虞初新志

／智能勝力

「智能勝力」是子愷先生為這則護生畫所題的畫題。從字義來解釋，是運用智慧勝過使用蠻力，即智取勝過武力，這是以小博大的好方法。這則護生畫中，講述的是一隻母雞以自己小小身軀，為即將落入虎口的恩人解圍。

光看這幅圖，已經覺得不可思議，圖中那隻又大又兇猛的老虎，牠的眼睛正被一隻雞攻擊，這是怎麼回事？這隻雞，為何會如此勇敢，見到老虎不趕緊逃跑，反而撲上去攻擊牠？

這個故事發生在浙江省的衢州，衢州是座一千四百年的古城，簡稱衢。位於浙江的最西面，與安徽、福建、江西交界，素有「居浙右之上游，控鄱陽之肘腋，制閩越之喉吭，通宣歙之聲勢」之稱，是水陸交會及四省通衢之地，為浙西的重要城市。

故事是這樣的，衢州地方有一位里正（即里長），有一天下鄉到一位貧戶家裡去催繳賦稅。官長來了，這戶貧民要張羅點好吃好喝的來孝敬，但他們一貧如洗，家中沒法端出大魚大肉或山珍海味，只能將家裡正養著的一隻雞宰殺來招待官長。這位里正心地善良，待人溫厚，知道此戶人家日子不好過，他相當同情，也很體恤，因此就不讓這家人殺那隻雞，也不在貧戶家吃飯，不讓他們為張羅餐食而為難。那隻雞，就在里正的慈心和不擾民的氣度中，免於一死，存活了下來。

過了一段時間，里正再度來到這位貧戶家中，他見到上次免於被宰殺的那隻雞，率領著一群雞，向他奔來，圍在他身邊，吱吱喳喳地叫著，好像在感謝他的救命之恩。

里正見此情形，心中若有所感，也很歡喜，他真沒想到那隻刀下逃生的雞，這段時間以來，已經繁殖了這一群後代呢！還會帶著小雞來感謝他，更讓他感到意外！

更意外的還在後頭哩！這位里正收了田賦後，出了貧戶家，才走了百步之遙，眼前竟然出現一隻超大猛虎，里正慌了手腳，心想：「這下完了，虎口難逃！」沒想到他走出貧戶家門，那隻感恩他救命的雞，還亦步亦趨地跟隨著他，就在千均一髮之際，那隻雞竟往猛虎臉上飛撲過去，用利喙咬住了虎眼，讓老虎一下子傻了眼，停止了攻擊。里正乘機趕緊狂奔逃命，因而免於一死。

哇！真感人！里正救了那隻雞一命，雞也不顧自身危險，英勇地救了他一命。

同樣都是一命，里正和雞，同為眾生，但一人一畜，形體各殊；里正對待貧戶溫厚仁愛，並忍一時口腹之欲，慈心不殺，救了一隻雞；而雞的湧泉以報，是賭上自己性命與猛虎一搏，用智以小博大；同是救命，卻不可同日而語！只能說幸運的里正，真是善有善報！

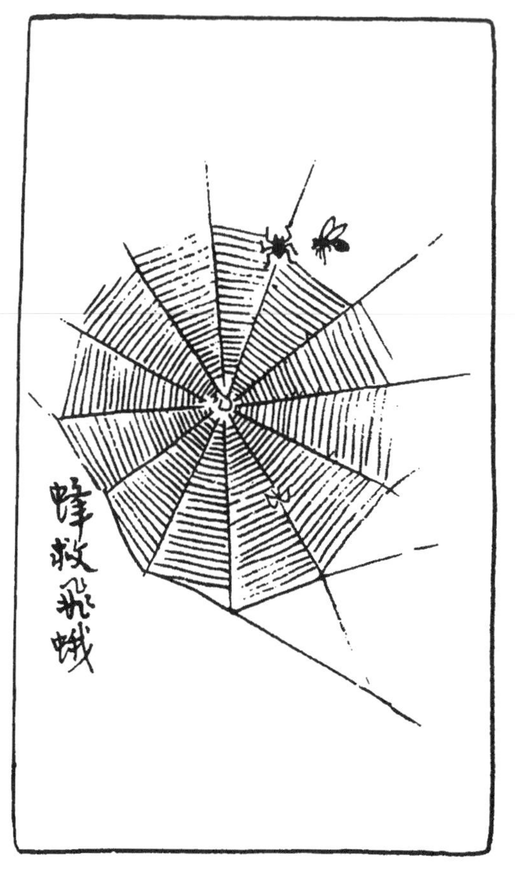

蜂救飛蛾

太倉張用良，素惡胡蜂螫人，見即撲殺之。嘗見一飛蟲，投于蛛網。蛛束縛之，甚急。忽一蜂來螫蛛，蛛避。蜂數含水濕蟲，久之得脫去，因感蜂義，自是不復殺蜂。

虞初新志

太倉張用良，素惡胡蜂螫人，見即撲殺之。嘗見一飛蟲，投于蛛網。蛛束縛之，甚急。忽一蜂來螫蛛，蛛避。蜂數含水濕蟲，久之得脫去，因感蜂義，自是不復殺蜂。

虞初新志

／蜂救飛蛾

這則「蜂救飛蛾」的護生畫，是取材自《虞初新志》書中一則有趣又發人深省的故事。故事的發生地，在太倉。太倉，位於江蘇省東南部，是距離上海最近的城市，太倉市區和上海嘉定區僅一河之隔。太倉地處太湖平原，全境無山，土地肥沃，河道縱橫，素有「魚米之鄉」的美稱。

話說太倉地方有一個叫張用良的人，他向來討厭會螫人的胡蜂，他只要一見到胡蜂，就會加以撲殺。胡蜂就是黃蜂，又稱為螞蜂，是分布廣泛、種類繁多、飛翔迅速的一種昆蟲，屬膜翅目。雌蜂身上有一根長的螫針，在遇到攻擊或感受到對方不友善的干擾時，會群起而攻。被胡蜂螫到，會出現過敏反應和毒性反應，嚴重者還會導致死亡。

厭惡胡蜂的張用良，以前不知殺死過多少胡蜂了，但是有一天，他忽然改掉撲殺胡蜂的習慣，從此不再殺胡蜂了，而且對胡蜂肅然起敬。為什麼呢？因為他見到了一件令他感到不可思議的事件，從此改變了他對胡蜂的印象。

有一次張用良見到一隻飛蛾，在林木間飛行時，不慎被張掛在樹枝間的一張蜘蛛網給捕著了。結網捕獵的蜘蛛，見有飛蟲誤入羅網，立刻從隱身處爬過來，從嘴裡吐出新絲，將飛蛾緊緊纏縛住。眼看飛蛾即將喪命了，在這緊急時刻，忽然有一隻胡蜂飛了過來，作勢要去螫那隻蜘蛛，蜘蛛怕胡蜂的尖刺和毒性，趕緊躲了起來。

這時，那隻胡蜂，做了令張用良難以想像的事。只見胡蜂一次一次的用嘴含水飛過來，將飛蛾身上綑綁的蛛網逐漸弄濕，等到蛛網濕透了，飛蛾得以解脫束縛，飛離蛛網，免於落入蛛吻而得救了。

張用良看到胡蜂救飛蛾這一幕，令他相當震撼。不同種類的昆蟲間，都能如此不分彼此相互救援，讓他大感意外。自此對胡蜂的印象有了一百八十度的大轉變，不禁對這從前令他厭惡的小小昆蟲生出敬意，從此不再殺害胡蜂。

這故事確實讓人嘖嘖稱奇，人和人之間的友愛，扶持，救援，是「仁」和「慈悲」的表現，沒想到這種道義和情誼，動物間也有，可見有情眾生，同圓種智，要相互珍惜，彼此尊重，杜絕殺戮。

鄰居

常州陳四，畜黑白二鵝，兩巢相並，各哺數雛。一日，黑者死。眾雛失怙悲鳴。白者每晨至其窠，呼雛與己雛同啄。晚必先領歸窠，始引己雛入宿。人皆見而義之。

虞初新志

常州陳四，畜黑白二鵝，兩巢相並，各哺數雛。一日，黑者死。眾雛失怙悲鳴。白者每晨至其窠，呼雛與己雛同啄。晚必先領歸窠，始引己雛入宿。人皆見而義之。

虞初新志

／鄰居

這則「鄰居」的護生畫，顧名思義，意為比鄰而居的人家，一般所說以人類社會為主，但此畫的兩戶人家，描述的是兩家鵝鄰居的故事。

這比鄰而居的鵝，住在江蘇省南部的常州，常州是江南文化古城，歷史上稱此地為「龍城」。位於長江三角洲地區，太湖平原西北部，京杭大運河流經此地。春秋時期吳王壽夢將第四子季札封於延陵邑，此後此地名幾次變更，有毗陵、晉陵、長春、嘗州、武進等名稱。到了隋文帝開皇九年，於常熟縣置常州，即是「常州」這一名稱的由來。

話說居在常州的這一對鵝鄰居，是一位名叫陳四的人所飼養的。這兩隻鵝，一隻黑，一隻白，主人陳四為牠們所建的兩個鵝巢並肩比鄰。這黑白兩鵝，各有自己的家庭，各自哺育著幼鵝，兩家通好且相親。

不幸的是，有一天，黑鵝死了，留下幾隻嗷嗷待哺的小鵝。小鵝們失去了母親的庇護，整天鳴叫個不停，聲音悲悵！小鵝年幼，不知死亡為何事，只知母親不見了，惶惶終日，不知所措。

此時，隔鄰的白鵝媽媽，非常同情黑鵝寶寶們，每天早上主人陳四拿飼料餵養牠們時，白鵝媽媽就會到隔鄰去呼叫黑鵝寶寶們過來，與白鵝寶寶一起進食。白鵝媽媽的慈心，正是儒家「幼吾幼以及人之幼」的胸懷。

鵝寶寶們吃飽了，白鵝媽媽想必帶著鄰居孩子一起到處溜達，在後院玩耍，到水塘游水。待晚餐過後，天色暗了，白鵝媽媽會將黑鵝寶寶先領回牠們家中，將黑鵝寶寶安頓好，看牠們睡下之後，才帶領自己的寶寶回家睡覺。

這是何等的慈悲心和慈悲行啊！白鵝媽媽如此為黑鵝寶寶著想，並盡自己力量照顧牠們，即是一種同理心的表現，將別人的事當成自己的事，就會以己心忖度別人的心，自己需要什麼，別人亦有相同需要。白鵝媽媽體認到自己寶寶需要照顧和呵護，鄰家的黑鵝寶寶也跟自己寶寶一樣，這種同理心，讓牠能慈悲地去愛護黑鵝寶寶，並盡力去照顧牠們。

白鵝媽媽的義舉，主人家陳四都看在眼裡，全家人都很感動。當陳四及其家人向親友鄰居去講述白鵝的義舉時，可以想見他們的感佩之心，而這真實故事對聽聞者來說，也是最好的、最慈悲的、愛的故事和生命教育。

捕盜

崇寧間，東阿董熙載飲于村落，醉歸墜馬，臥道次，馬韁持于手。忽有盜盡解其衣，又欲其馬。方俯首取韁，馬遽囓盜髻，不得去。逮熙載醉醒，盡復取所失物，馬始縱盜。

陶朱新錄

崇寧間，東阿董熙載飲于村落，醉歸墜馬，臥道次，馬韁持于手。忽有盜盡解其衣，又欲其馬。方俯首取韁，馬遽囓盜髻，不得去，逮熙載醉醒，盡復取所失物，馬始縱盜。

陶朱新錄

／捕盜

這則「捕盜」的護生漫畫，是子愷先生取材自《陶朱新錄》一書中的故事。此書是古代的筆記體小說。作者是宋朝人馬純。

故事中所敘述的事，發生在宋徽宗崇寧年間的東阿地方。東阿縣位於山東省西部，黃河北岸，是柳城市所轄的一個縣。這個縣在春秋時代就有了，那時名柯，屬衛國，後屬齊國。戰國改稱阿，仍隸齊國。到了秦朝，始稱東阿。另外有東阿鎮，古稱谷邑，也是建於春秋時期，是管仲的食邑，谷城縣的縣城，後來被劃歸平陰縣東阿鎮。這裡是著名中藥阿膠的故鄉。東阿獨特的地下水成就了阿膠，阿膠對補血養氣、提高人體免疫力、抑制腫瘤等具有獨特的功效。東阿阿膠在漢唐至明清一直是上呈天子的貢品。

故事中有一個家住東阿名叫董熙載的人，有一天他下鄉到村子裡，與朋友一起用膳，席間還飲酒，因為多喝了幾杯，天黑了，要離去時已經醉醺醺的。他騎著馬趕路回城裡，但酒醉讓他昏沉沉的，騎在馬背上東倒西歪，根本坐不住，因此馬一奔跑，他一個重心不穩，就墮下馬來。董某人實在已醉得不醒人事，不但沒從地上爬起來，還躺在路旁呼呼大睡。董某人雖然睡著了，但他手上持著的馬韁，依然緊緊握在手中。

這時候，忽然來了一個盜匪，看董某人醉臥地上，這大好機會豈可放過，於是輕易的就將董某人身上的衣物脫下，並攫取他的財物，這樣盜賊還不滿足，還想偷走董某人的馬。他才低下頭，俯下身想要去取董某人手上的韁繩時，怪哉！這匹馬可不是好欺負的，立刻用牠的大嘴，一口咬住盜匪腦後的髮髻。

這可慘了，三更半夜，荒郊野外，盜匪可真是求助無門啊！他再怎麼掙扎，也掙不過那匹力大無窮的馬，只能慘兮兮地等到董某酒醒之後，將被盜取的衣物及財物取回，馬才放了那盜匪。董某沒將他送官，算是慈悲的了！

哇！這馬，夠酷！養了一匹這樣的馬，夫復何求！

馬，從古至今都是人類的好朋友；馬，聰明又善體人意，騎在馬背上，只要一個輕微的動作，他就立即知道主人的意思，這種聰明才智很多人都不如呢！馬駝物、拉車、當坐騎、隨主人馳騁沙場保家衛國樣樣都不輸人類，這樣的寶貝動物，這樣的有情眾生，真叫人疼惜呢！

問世間情是何物
直教生死相許

元裕之好問，于金泰和乙丑赴試并州。道逢捕雁者，捕得二雁，一死，一脫網去。其脫網者，空中盤旋哀鳴，亦投地死。裕之遂以金贖得二雁，瘞汾水旁，壘石為識，號曰雁邱。

虞初新志

元裕之好問，于金泰和乙丑赴試并州。道逢捕雁者，捕得二雁，一死，一脫網去。其脫網者，空中盤旋哀鳴，亦投地死。裕之遂以金贖得二雁，瘞汾水旁，壘石為識，號曰雁邱。

虞初新志

／問世間情是何物　直教生死相許

在賞析此幅漫畫之前，讀者諸君先來讀一闋好詞，金元裕之的〈摸魚兒〉：「問世間，情是何物，直教生死相許。天南地北雙飛客，老翅幾回寒暑。歡樂趣，離別苦，就中更有痴兒女。君應有語，渺萬里層雲，千山暮景，隻影向誰去。橫汾路，寂寞當年簫鼓。荒煙依舊平楚。招魂楚些何嗟及，山鬼暗啼風雨。天也妒，未信與，鶯兒燕子俱黃土。千秋萬古，爲留待騷人，狂歌痛飲，來訪雁邱處」。讀完這闋詞，再比對一下金庸膾炙人口的小說《神鵰俠侶》中，「問世間情為何物，直教生死相許」的詩句，這即是出自此「雁邱詞」。

為世間留下這闋感人好詞的作者元裕之，即是本篇題辭故事中的主角元好問，字裕之，世稱遺山先生，南宋末年太原秀容人，是金、元時期著名文學家。著作有《中州集》、《南冠錄》、《王辰雜編》等。金興定三年進士，官至行尚書省左司員外郎。元裕之雖在金朝為官，但卻是讀儒家書的南宋文人，為金代學術權威和文壇代表人物，文章詩詞皆卓然有成。其文藝評論涉及詩、詞、古文等文體；其文藝創作跨足於詩、詞、文、散曲和筆記小說等各領域，而以詩的成就最高，今存一千三百六十餘首；元裕之的詞為金朝之冠，足與兩宋詞家並比。其詞今存三百七十七首。

此「雁邱」圖，述說的是元裕之十六歲時，即金章宗泰和乙丑年間，赴并州應試。并州，是古州名。相傳大禹治洪水，劃分域內為九州。《周禮》、《漢書地理志上》記載，并州為九州之一。其地約在當今山西省太原市、大同市和河北省保定市一帶地區。

元裕之在赴試趕考的旅途中，遇到一個捕雁的獵人，那天獵人捕捉到兩隻大雁，一隻落網時因掙扎而受傷死了，另外一隻掙脫羅網脫逃了。但是飛離羅網的那隻雁，雖獲得了自由，卻不肯離去，在一旁盤旋飛翔，並發出哀鳴之聲，似乎在呼喚自己的伴侶跟牠一起飛。此雁見到自己的伴侶被捕，無法脫困，且一動也不動，牠知道愛侶已死，因此也不願獨活，最後從空中猛然墜地，自殺身亡。

元裕之為大雁殉情的事蹟深受感動，就向獵人買下這兩隻死去的雁，走到汾水河邊將兩雁合葬一處，在雁塚前疊起一堆石塊作為標記，並為雁塚立碑，碑上寫著「雁邱」二字。

此「雁邱詞」就是當時元裕之為此二雁所感動而做的詞。重情重意的大雁，為愛侶殉情的故事時有所聞，人們怎還忍心捕雁！

「問世間，情是何物，直教生死相許。」有如此愛情和心腸的鳥，是最懂得愛的，人們雖不必學牠們殉情，但應以慈心尊重、尊敬和愛惜雁鳥。

托孤

唐時北平王家，有二貓同日生子者。其一死焉。有二子飲于死母，母且死，其鳴咿咿。其一方乳己子，若聞之，起而听，走而救，銜其一置于其棲，又往如之。返而乳之，若己子然。

虞初新志

唐時北平王家，有二貓同日生子者。其一死焉。有二子飲于死母，母且死，其鳴咿咿。其一方乳己子，若聞之，起而听，走而救，銜其一置于其棲，又往如之。返而乳之，若己子然。

虞初新志

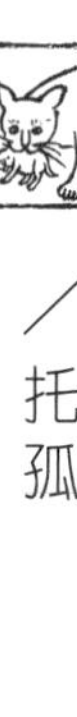

／托孤

「托孤」又是一則「幼吾幼以及人之幼」的慈悲和慈愛故事。

這故事的主角是唐朝時候，居住在北平王家，是王家所飼養的一隻有愛心的母貓。王家本來飼養兩隻母貓，這兩隻母貓同一天生子，同時升格成貓媽媽，並開始以無比愛心和耐心哺育自己的小寶寶。但不幸地是其中一隻母貓生產後不久卽亡故了，但是牠的兩隻小貓仔不知道媽媽已經死亡，肚子餓了還直往媽媽懷裡鑽，含著奶頭要吃奶。但是死去的貓媽媽已經不再泌乳了，貓寶寶吸吮不到奶水，又得不到媽媽輕舔身體的慰藉，不知到底發生了什麼事，於是「喵！喵！喵！」的哀叫。

另外一隻貓，也就是本文的最佳女主角，此時正在餵養自己的小寶寶，看著寶寶偎在懷中幸福安穩的吃奶，為母的感到既幸福又驕傲。但此時，牠聽見他處傳來小貓的哭叫聲，怎麼回事呢？小貓這哭聲分明是肚子餓了，他們的媽媽為何不給孩子吃奶呢？牠愈聽愈覺得不對，一定是發生了什麼事了？牠的這位好姐妹不會放任孩子餓成這個樣子還不理的。

於是這位貓媽媽，暫且放下自己的孩子，循著貓寶寶的哭叫聲，找到了牠的好姐妹生產的地方，看到初為人母的好姐妹已經死亡，兩隻貓仔還在牠身上磨蹭著，不知到永遠都喚不醒牠們的媽媽了。

於是這位貓媽媽，毫不遲疑地啣起一隻貓寶寶，啣至自己的窩中放下；再去啣來另外一隻，跟自己的寶寶放在一起。然後開始餵養起新來的寶寶吃奶，牠無條件地用愛收養了貓姐妹的遺孤，把養子女一視同仁地當成自己的寶寶飼養，愛牠們，關心牠們，教育牠們。

人類疼愛自己的孩子，也能發揮愛心收養別人的孩子。此畫中的貓，亦有人類的美德，以慈悲心憐憫沒媽的孩子，真是感人！但是現今社會有許多怪現象，有些人不但沒能好好愛自己的孩子，還不時傳出親生爹娘虐童案，都上了社會新聞。怪哉！虐童的父母，真該向貓們好好學習呢！

捨身追盜

程易門在烏魯木齊。一夕，有盜入室，已踰牆將出，所畜犬追囓其足。盜抽刀斫之，至死，囓終不釋。因就擒。時易門有僕曰龔起龍，方負心反噬。皆曰：程太守家有二異，一人面獸心，一獸面人心。

閱微草堂筆記

程易門在烏魯木齊。一夕有盜入室，已踰牆將出，所畜犬追囓其足，盜抽刀斫之，至死，囓終不釋，因就擒。時易門有僕曰龔起龍，方負心反噬。皆曰：「程太守家有二異，一人面獸心，一獸面人心。」

閱微草堂筆記

／捨身追盜

此幅「捨身追盜」的漫畫，子愷先生取材自清朝紀曉嵐所著《閱微草堂筆記》一書。

這則故事，訴說的是烏魯木齊的程太守官邸內所發生的真實故事。有一天晚上太守官邸被竊賊入侵，此賊悄悄地在府中搜括財物之後，扛著所竊之物翻過圍牆，正準備逃走。

此時程太守府中所飼養的狗，發現了竊賊，衝出來追趕，一口咬住竊賊的腳。這可把竊賊嚇壞了，他忍著痛想掙脫狗嘴，但狗的嘴咬得可緊著，利齒深入賊腿，怎麼也掙脫不了。竊賊慌了！情急之下，拿出刀來砍狗，狗還是不放開他；於是他繼續砍，直至將狗殺死。竊賊真是狠心，偷盜已大不應該，還行兇，又罪加一等！但是沒想到，此狗雖死，狗嘴仍咬得緊緊地不肯放開，竊賊還是被困住，不能動彈。待程府家人趕來捉賊，竊賊只能乖乖就擒。

竊賊行兇的惡報即刻到來了！還真快！的確是惡有惡報！還是現世報呢！

程太守家養的狗，盡忠職守，不惜犧牲自己的性命，捨身追盜，其忠誠令人感佩萬分。此忠犬事跡在烏魯木齊傳揚開來，人人讚歎！

在此同時，程太守府中有一位名叫龔起龍的僕人，對主人懷有不滿之心，於是說了和做了一些對主人不利的事，要陷主人於不義，事發之後，引起公憤。

比較起捨身追盜的忠犬和忘恩負義的惡僕，其品德和行徑有若雲泥。人心自有公道，當時的人們都說：「程太守家有兩樁奇異的事，一樁是惡僕人面獸心，忘恩負義；一樁是忠犬獸面人心，捨身追盜。」

程太守家的二件異事，在古今中外，都是經常發生的。狗的忠誠古今皆然，人們怎能不疼惜狗、尊重狗，故虐狗和殺狗的行為，真的是遠離慈悲！又造殺業！

拯溺

偽蜀渠陽鄰山，有富民王行思。嘗養一馬，甚愛之，飼秣甚于他馬。一日，乘往本郡，遇夏潦暴漲，舟子先渡馬，回舟以迎行思，至中流，風起，船覆，其馬自岸奔入駭浪，接其主。蒼茫之中遽免沈溺。

虞初新志

偽蜀渠陽鄰山，有富民王行思。嘗養一馬，甚愛之，飼秣甚于他馬。一日，乘往本郡，遇夏潦暴漲，舟子先渡馬，回舟以迎行思，至中流，風起，船覆，其馬自岸奔入駭浪，接其主。蒼茫之中遽免沈溺。

虞初新志

／拯溺

這則「拯溺」的護生畫，圖中所說的故事，發生在三國時期蜀國渠陽縣鄰山這個地方。渠陽縣古稱靖州，位於湖南和貴州二省交界處，西面鄰接貴州黎平縣和天柱縣，南面與湖南侗族自治縣為界，東連綏寧縣，北接會同縣。

話說在渠陽鄰山這個地方，有一個人名叫王行思，家境非常富有。這位王富人有一次得了一匹馬，帶回家中飼養，他與這匹馬特別有緣，因此加意疼愛此馬。王行思在餵養家中馬匹糧秣時，總是很偏心地給這匹愛馬調配更好的草料。平日與此愛馬的互動，也比家中其他馬匹來得更多。

此馬，得到主人特別的關愛之情，與馬廄中其他馬匹相比，自是不可同日而語。馬在動物中，算是絕頂聰明的，主人如此厚愛牠，牠當然心領神會，感恩在心。

有一天，王行思有事要到郡裡去，他出門時騎上愛馬，在路上奔馳，心中甚是快意。行走間，來到一條河邊，河水寬闊，人和馬匹都要乘渡船才能過河。但觀此河，因適逢夏季，河水暴漲，水勢洶湧湍急，不比平日。船夫看這情勢，估量無法讓王富人和馬同乘一條船渡河，於是讓馬單獨上船，先將其渡過河去。回頭再來渡王行思過河。

王行思上船後，渡船行至河中央時，忽然颳起了大風，風勢強到連舟子也無法控制船身，因此不久船就給風吹翻了。王行思隨著船一起翻落湍急的河水中。王行思在河中載浮載沉，眼看洶湧地河水就要將王行思無情地吞沒了。

就在這千均一髮之際，已經渡河到對岸的馬，見主人落水，命在旦夕，於是不顧一切自岸邊狂奔入河裡，在驚濤駭浪中，奮力地奔向主人，將主人拖行上岸，解救了主人的危難，讓主人免於溺水而亡。

真是驚險啊！王行思若不是有了這匹愛馬，遭此大難，必定一命嗚呼！他若不是平時如此疼愛這匹馬，馬也不會這般強烈感受到主人的危機意識。人和馬，馬和人，早已心意相通，融為一體了。

王行思真是幸運，死裡逃生，而他的愛馬，功勞第一名！

守亡友屍

舅氏張公夢徵言：所居吳家庄
西，一丐者死于路所。畜犬守之
不去。夜有狼來啖其尸。犬奮囓
不使前。俄諸狼大集。犬力盡踣，
遂併為所啖，惟存其首，尚双目
怒張，眥如欲裂。有田戶守瓜田
者親見之。
閱微草堂筆記

舅氏張公夢徵言：「所居吳家庄
西，一丐者死于路所。畜犬守之
不去，夜有狼來啖其尸，犬奮囓
不使前。俄諸狼大集，犬力盡踣，
遂併為所啖，惟存其首，尚双目
怒張，眥如欲裂。有田戶守瓜田
者親見之。」

閱微草堂筆記

／守亡友屍

此幅「守亡友屍」的護生畫，顧名思義就知道講述的是一個悲慘的故事，從畫面上看，也了解這是一齣不忍卒睹的慘劇。

這故事取材自清朝紀曉嵐所撰《閱微草堂筆記》一書。內容述說一隻義犬為保護主人屍首，不惜力敵惡狼，而終於殉主的感人事蹟。

傳述此故事的人名叫張夢徵，住在吳家莊，他說村莊的西邊，常見到一位無依無靠的乞丐，孤獨地在路上行乞。這位乞丐平日身邊總是隨著一隻狗，應是飼養多年，狗就像家人般形影不離地陪伴著乞丐。只要乞丐能乞討到吃的，一定會分給狗兒吃，人狗相依為命。

不幸的是，有一天乞丐不知是飢寒交迫或是病重了，竟倒地不起，死於路旁。他所飼養的狗，呼叫哀嚎都叫不醒主人，於是守在主人的屍體旁不肯離去。主人死了，狗傷心欲絕，哀哀低鳴，其聲悲戚！

白日已盡，暮靄四合，夜色降臨，在一片漆黑中，乞丐的屍首依舊躺臥路旁，不見有人來收屍。那隻悲傷的狗仍不肯離開，忠心地守護在主人的屍體旁。

荒郊野外，漆黑的夜色中，傳來聲聲狼嗥。狼嚎聲逐漸接近了，狼在夜色中猩紅的眼睛也一步一步靠近了……。忠心的狗，豎起耳朵，睜亮雙眼，提高警覺，準備戰鬥。狼繼續靠近，牠忍無可忍，與狼打了起來，牠要保護主人的屍身不被狼群吃掉。

狗齜牙咧嘴嚇狼，但是狼比牠凶狠，根本不怕牠；狗與狼纏鬥，但終不敵狼有組織的群體行動。這隻義犬，遍體鱗傷，很快敗下陣來，終於被狼吃掉；牠的主人，當然也被吃了！

第二天，附近守瓜田的農戶經過此地時，發現那隻義犬屍骨被狼啃食殆盡，只剩一顆頭顱還在。頭上那兩顆眼睛，還張得大大的，看去非常憤怒，眼眶彷彿要撐破了一般。

哇！這狗，死不瞑目，死了還想保護主人，還怒目而視那些糟蹋牠主人的狼群。義犬守屍，賠上自己性命，這故事很快傳揚開來。

悲慘，但感人肺腑！狗真是人們最好的朋友！難怪紀曉嵐要為此義犬記上一筆。

為母乞命

邠州屠者安姓家，有牝羊并羔。一日，欲刲其母，縛架上之次，其羔忽向安双跪前膝，兩目涕零，安驚異良久，遂致刀于地，去呼童稚，共事刲宰。及廻，遽失刀。乃為羔銜之，致牆根下，而臥其上，屠遍索方覺，遂并釋之，放生焉。

虞初新志

／為母乞命

「為母乞命」這則漫畫的故事，發生在邠州。邠州是中國古代的一個城市，此城於歷代中幾次更名，曾名為班州、豳州、新平縣等。其所轄的界境，相當於現今甘肅省和陝西省一帶。

這則取材自《虞初新志》一書中的題材，講述的是邠州地方有一位姓安的屠夫，他家中養了一隻母羊，這隻母羊生了隻小羊，這對羊母子總是相親相愛相依在一起。

有一天，這位屠夫準備要宰殺母羊，他先捉住母羊，把母羊抬到屠臺上，用繩子綑綁固定好，正要準備動刀了。此時，小羊忽然跑到屠夫面前，雙膝跪地不起，兩眼淚流不止，咩咩咩地鳴叫不止，分明是在向主人請求，請他刀下留情，請他不要宰殺牠心愛的母親，留母親一條活路，牠還小，牠需要媽媽。

屠夫見此情景，可真是嚇了一跳，這小羊，怎會這樣？太不可思議了，讓他目瞪口呆，久久不能自已。那跪地求饒的小羊，和小羊悲傷和懇求的眼淚，使他的屠刀砍不下去了……。

屠夫那拿著刀的手都軟了，他原本高高舉起的手，現在輕輕地放了下來，他的心弦被觸動了，那內心深處的某種情緒被挑起了，讓他無法獨自宰殺那隻小羔羊的媽媽了！

屠夫將屠刀放在地上，轉換一下情緒，然後跑去呼叫家中小輩來一起宰殺這頭母羊。待他又回到屠宰臺時，那把屠刀竟不見了蹤影。他在周邊遍尋不著之後，才想到一定是被小羔羊給啣走，藏起來了。藏到哪裡去了呢？他發現小羔羊在圍牆的牆根下躺臥著。原來小羔羊把屠刀藏在牆根下，自己躺在屠刀上，隱匿刀痕，讓屠夫找不到刀。小羔羊的心中想的是，沒了屠刀，牠親愛的媽媽，就可免於一死了。

小羔羊的心思和舉動，讓屠夫震撼。小羔羊愛媽媽，就跟人類小孩愛媽媽是一樣的。人類小孩失去媽媽是很悲慘可憐的，小羔羊失去媽媽一樣是悲慘可憐的。

屠夫的慈悲心被挑起，他解開綁縛母羊的繩索，將母羊放下屠臺，不再宰殺這隻羊媽媽，讓牠能好好哺育小羔羊。

哇！好險，小羔羊的跪地、眼淚和藏起屠刀的舉動，拯救了媽媽一條性命！而這位屠夫，慈悲心現前，也種下善根，必有後福。

忠勇

晉泰興二年，吳人華隆，好弋獵，畜一犬，號曰的尾，每將自隨。隆後至江邊。被一大蛇圍繞周身，犬遂咋蛇，死焉。而華隆僵仆無所知矣。犬彷徨嗥吠，往復路間。家人怪其如此，因隨犬往，隆悶絕委地，載歸，二日乃蘇。隆未蘇之際，犬終不食。

虞初新志

晉泰興二年，吳人華隆，好弋獵，畜一犬，號曰的尾，每將自隨。隆後至江邊。被一大蛇圍繞周身，犬遂咋蛇，死焉。而華隆僵仆無所知矣。犬彷徨嗥吠，往復路間。家人怪其如此，因隨犬往，隆悶絕委地，載歸，二日乃蘇。隆未蘇之際，犬終不食。

虞初新志

／忠勇

「忠勇」，一般來說形容的對象都是人。但是此幅護生畫中的忠勇之士，指的是一隻名叫「的尾」的家犬。

忠勇的狗「的尾」，牠的義行，被記錄在《虞初新志》一書中，名揚千古。

故事發生在晉朝泰興二年，有一位住在吳國的人，名叫華隆，平時喜愛打獵，他飼養了一隻狗，取名「的尾」，這隻狗總是跟隨在他身邊，尤其華隆出外打獵時，行動敏捷的「的尾」是他的好幫手，他倆總是形影不離。

有一次，華隆來到離家不遠的江邊，在草叢裡走著，前面有一物在蠕動，他一時不查，走進雜草中，忽然草叢裡闖出一條大蛇，他還來不及反應，大蛇已經扭轉著身體將華隆緊緊纏住，愈纏愈緊，愈纏愈緊……，華隆不斷掙扎，但那裡敵得過大蛇的蠻力，他漸漸失去抵抗力，已經無法呼吸了。「的尾」在一邊大聲吠叫，見主人與蛇糾纏，不支倒地，為了保護主人，他開始攻擊蛇，將蛇咬死。

但是主人已經沒有知覺，僵臥於地，「的尾」在主人身邊徘徊，大叫，想叫醒主人。但主人一動也不動，彷彿已經死亡，「的尾」徬徨無主，不知所以。他想跑回家求援，又不放心將主人獨自留在江邊，於是在路上跑過來跑過去地狂吠著。

華隆的家人，見「的尾」這種反常的行為，覺得很奇怪，就跟著牠來到江邊，赫然發現華隆昏迷不醒地躺在地上，於是將他帶回家中。

華隆在家休養了兩天才甦醒過來。他躺在床上昏迷的那兩天，「的尾」緊緊守在他身邊，寸步不離左右，也不肯進食，直到華隆活過來，「的尾」才放心。

「的尾」，運用機智，救了主人一命。牠守護主人，不肯進食，是因為擔心主人，若華隆氣絕身死，恐怕既忠且勇的「的尾」也會跟著殉主呢！

有一部由李察吉爾主演的電影「忠犬小八」，人狗感情之深，賺了多少人的熱淚。想到狗的忠義、忠勇和善解人意，就叫人感到溫暖和窩心。然而竟有人虐狗、殺狗、吃狗肉，真是無法想像呢！

除暴

天長縣民戴某，朝出，其妻牧牛于野。平昔豢犬隨之，俄入草芥不出。戴妻牽牛尋之，未百步，見虎據叢而食犬，虎見人至，棄犬趨人，戴已為虎搏矣。牛見主有難，忿然而前，虎又釋人而應牛。二物交加哮吼，虎張爪牙，牛以二角奔擊。逾時，牛竟勝虎。戴乃得免。

虞初新志

天長縣民戴某，朝出，其妻牧牛于野。平昔豢犬隨之，俄入草芥不出。戴妻牽牛尋之，未百步，見虎據叢而食犬，虎見人至，棄犬趨人，戴已為虎搏矣。牛見主有難，忿然而前，虎又釋人而應牛。二物交加哮吼，虎張爪牙，牛以二角奔擊。逾時，牛竟勝虎。戴乃得免。

虞初新志

／除暴

這則「除暴」的故事，取材自《虞初新志》一書。所述說的故事發生在天長縣這個地方。天長縣，位於安徽省東部，縣境伸入江蘇省，三面分別毗鄰江蘇省南京市、揚州市和淮安市，西部與安徽省來安縣相連。地處長江與淮河之間，東臨高郵。西楚時曾名為東陽郡，南北朝時稱為石樑郡，唐朝時屬千秋縣。天長正式置縣，是唐玄宗天寶元年。

此幅漫畫中的故事，敘述的是居住在天長縣的一位戴姓人士，有一天早上戴某有事外出，他的妻子牽著牛到附近的郊野放牧。平時，戴妻只要出門，戴家所飼養的狗，都會跟隨在身邊，陪著主人。

那天，戴某的妻子和那條狗，帶著牛隨意地在水草豐盛的野地上倘佯，任由牛自在地吃著青草。那隻狗，大概聽到草叢中有什麼動靜，於是奔過去查看，但是進去好一會兒了，都不見牠出來。

戴妻等不到狗兒，以為小狗頑皮，在草叢中追什麼小動物去了，於是牽著牛走進草叢中去尋找。走不到百步之遙，赫然驚見一隻老虎正在草叢中啃食他家的狗。狗已死，沒救了。戴妻這一驚非同小可，想拔腿就跑，但是老虎見有人來，馬上丟下狗屍，跑過來追人。戴妻嚇得雙腿發軟，根本跑不過老虎，很快就被老虎捉住，眼看性命堪憂！此時，那頭牛見主人有難，立即憤怒地向老虎衝過去，不顧自身危險，要去搶救主人。老虎見一頭牛猛衝過來，也即刻將戴妻放下，去迎擊牛的挑戰。

猛虎和狂怒的牛，相互廝殺纏鬥起來。老虎的咆哮聲加上牛憤怒地嚎叫，聲聲震耳。老虎張牙舞爪，牛角銳利猛擊，聲勢驚人。

兩頭巨獸相搏了好一會兒，出乎意料的是那兇猛的老虎輸了，那頭原本性情溫馴的牛竟然贏了！牛救了主人一命，使主人免入虎口。

這個故事，固然在讚揚牛的忠義，為護主不顧自己陷入危險中而力搏猛虎。也告訴世人，牛護主的心，志在必得，有此決心和信心，才是牛致勝的關鍵。戴家的牛，稱得上智勇雙全啊！

覆育之恩

蕪湖繆八判官，愛畜禽獸蟲魚之屬。有孔雀生卵兩枚，取以与母雞哺之，半月餘，果出二雛，一雄一雌。繆大喜。兩雛漸長，身高二三尺，犹視雞為母，飛鳴宿食，刻々相隨，殊不自知其羽毛之多彩。而母雞行動居止，喔々相呼，亦不自知其族類之不同也。大凡覆育之恩，雖禽獸亦知之。

梅溪叢話

蕪湖繆八判官，愛畜禽獸蟲魚之屬。有孔雀生卵兩枚，取以與母雞哺之，半月餘，果出二雛，一雄一雌，繆大喜。兩雛漸長，身高二三尺，犹視雞為母，飛鳴宿食，刻刻相隨，殊不自知其羽毛之多彩。而母雞行動居止，喔喔相呼，亦不自知其族類之不同也。大凡覆育之恩，雖禽獸亦知之。

梅溪叢話

／覆育之恩

此幅「覆育之恩」的護生畫，是豐子愷取材自《梅溪叢話》中的故事。故事的主角是兩隻美麗的孔雀和他們的母雞媽媽。母雞怎麼會生出孔雀呢？看官們讀了這幅護生畫就知分曉。

這個故事發生的地點在蕪湖。蕪湖位於安徽省東南部，在青戈江與長江匯合之處。在春秋時代，這附近湖泊的草叢中，有許多鳩鳥，因此吳國人將此地命名為鳩茲邑。此地也因為有蕪草叢生，被命名為蕪湖。

從前蕪湖地方有一位姓繆的判官，在縣衙裡當差。繆判官平日裡喜愛飼養一些蟲魚鳥獸等動物，他經常在府邸中與這些動物一起賞玩。

他所飼養的鳥類中有孔雀。有一次孔雀生了兩個蛋，繆判官沒讓母孔雀孵蛋，而好玩的將那兩枚孔雀蛋，放置在母雞窩裡，讓不知情的母雞去孵。母雞盡責的每天都在孵蛋，過了半個月時間，孔雀蛋孵化了，兩隻小孔雀啄開蛋殼，破殼而出。

那兩隻初生的孔雀幼雛，一雌一雄，繆判官看了很歡喜。他並沒有將小孔雀送回去給孔雀媽媽養育，仍然讓牠們在母雞的哺育下逐漸長大。

孔雀和雞，長相差別很大，孔雀是大鳥，體大翅寬尾長。當這兩隻孔雀長大到兩三尺這麼高時，還跟隨在母雞身邊，視母雞為自己的親娘，不論是學飛、鳴叫、進食或夜宿，都跟母雞形影不離，時時刻刻親愛相守。

孔雀不知道自己的羽毛色彩炫麗，燦爛奪目，跟其他的兄弟姐妹大不相同。雞媽媽帶著小雞們到處覓食，牠走到哪，兩隻孔雀也跟著到哪，雞媽媽帶小雞們回窩裡去睡覺，孔雀也跟著一起回窩睡覺。雞媽媽呼叫著小雞們，孔雀也跟兄弟姐妹一樣隨時會回到母雞身邊。母雞將小孔雀一手帶大，母愛讓母雞沒多想，甚且不知情或不計較這兩隻與眾不同的孔雀兒女，與其他兄弟姐妹們是不同類的。

由此可知，母愛是沒有分別心的，保護和哺育幼兒，以及幼兒孺慕母親，那種親恩，動物和人也都一樣。

訝其不類

泰州鹽場僧寺，樓窓外樹上，有鸛巢焉。雌鸛伏卵其間，村民伺雌覓食，潛以鵝卵易之，鸛不知也。久之，雛破卵出，則鵝也。雄鸛訝其不類，謂雌與他禽合，怒而噪之。雌者亦鳴而已。既而雄者飛去。少頃，諸鸛群集視其雛，咸向雌而噪，雌者無以自明，以喙鑽牆隙死，吳嘉記野人作詩紀其事。

虞初新志

／訐其不類

「訐其不類」這幅護生畫，是個悲慘的故事，內容描述一隻雎鸛鳥，因為人類的惡作劇而壞了名節，使雎鸛鳥背負「不忠」的罵名，終以死明志。

這則故事發生在泰州。泰州是個有兩千多年歷史的古老城市，位於江蘇省中部，長江下游北岸。泰州南部與鎮江、常州、無錫、蘇州四個城市隔江相望，北部與鹽城毗鄰，東臨南通，西接揚州，為江蘇中部入長江及入海等五條航道的交匯處，因此地理位置優越。泰州自古以來人文薈萃，有「水陸要津，咽喉據郡」、「儒風之盛，夙冠淮南」的美譽。

話說泰州的鹽場附近有一座佛教寺院，寺院內有一棟樓房，窗外有一棵樹，那棵樹上有一個鸛鳥的窩巢。一隻雎鸛鳥正在用體溫、耐心和愛心孵育著巢內的卵，並期待著小寶寶來到這個美麗的世界。

但是天有不測風雲，最不可思議的壞事發生了。村子裡有一個人，不知是太無聊了，還是天性愛惡作劇，竟然趁雎鸛鳥暫停孵蛋，出外覓食的時候，找來一顆鵝卵，偷換了一顆鸛鳥蛋，想看看雎鸛鳥會不會發現。

雎鸛鳥覓食歸來，急著去溫暖心愛的卵，那裡會想到正在孵的卵，竟被人給偷換了一顆！

不久，蛋孵化了，鸛鳥寶寶破殼而出，其中一隻跟其他寶寶長得不一樣，原來是一隻鵝。雄鸛鳥驚訝地發現孩子竟然不是自己的同類，牠懷疑雌鸛鳥對自己不忠，憤怒地聒聒大叫，指責雌鸛鳥。雌鸛鳥覺得受到了委屈，也聒聒大叫的為自己辯護。鸛鳥夫妻為了這個不同類的孩子大吵，還吵得不可開交。

這樣的吵架，當然不會有什麼結果。發生誤會時平心靜氣的解釋，都解釋不清，何況在氣頭上大聲嚷嚷。可以想見雄鸛鳥此時什麼話都聽不進去，牠自覺跟妻子說不清楚，於是生氣地振翅飛走。雄鸛鳥去召集了許多鸛鳥朋友來看這隻鵝，請牠們評評理。那些鸛鳥朋友見了小鵝，也都非常生氣，當然要為吃醋的鸛鳥爸爸出氣，於是紛紛指責雌鸛鳥，也對牠聒聒大叫一番。

雌鸛鳥百口莫辯，於是悲傷地將喙鑽進牆壁的隙縫中自盡，含冤而死。

好悲慘！雌鸛鳥在孵蛋時，心中好歡喜，一心希望迎接小寶寶的降臨，牠已準備好要當慈愛的媽媽和幸福的媽媽，好好哺育孩子。沒想到天不從人願，竟發生這種不可思議的無妄之災。雌鸛鳥的悲憤可想而知，牠決定以死明志！

蘇州地方的嘉記野人，為此還特地寫了一首詩，記錄雌鸛鳥的不白之冤。

這位惡作劇的村民，在一旁觀察到他所做惡行及產生的惡果，想必後悔莫名。這玩笑開大了，真是造業啊！

慧犬

太和中，楊生養狗，甚愛之。一日，闇行墮于空井中，狗呻吟徹曉。有人過，怪之。往視，見生在井。生曰：出我，當厚報君。人曰：以此狗相与，便當相出。生曰：此狗曾活我于已死，不得相与。餘即無惜。人曰：若尒，便不相出。狗因下頭向井，生知其意，乃語人以狗相与，人乃出之，繫狗而去。後五日，狗夜走歸。

虞初新志

太和中，楊生養狗，甚愛之。一日，闇行墮于空井中，狗呻吟徹曉。有人過，怪之。往視，見生在井。生曰：「出我，當厚報君。」人曰：「以此狗相與，便當相出。」生曰：「此狗曾活我于已死，不得相與。餘即無惜。」人曰：「若尔，便不相出。」狗因下頭向井，生知其意，乃語人以狗相与，人乃出之，繫狗而去。後五日，狗夜走歸。

虞初新志

／慧犬

這幅「慧犬」圖，訴說的是一隻聰明的狗，在主人蒙難時，運用智慧即時解救了主人。讓主人能平安脫險。這隻狗跟主人之間的默契，實在令養狗的人羨慕。

這則取材自《虞初新志》中的故事，發生在晉朝太和年間。當時有一位姓楊的讀書人，在家中飼養了一隻狗。楊生非常喜歡這隻狗，平時就很疼愛牠，人狗如同家人般相親。

有一天，楊生出外應酬，牠的愛犬隨行。要回家時。天色已經很暗了，視線不良，楊生又多喝了幾杯，因此一不小心，一個腳踩空，往下直直墜落，彷彿落入深淵，驚得他一身冷汗。待回過神來，原來是掉進一口已乾涸的深井之中。楊生試著從井底往上爬，奈何手足均無著力之點，試了又試，都無法攀爬。他在井裡大聲喊著救命，四野寂寂，根本沒有人聽見這位受困書生的求救聲。

這時，待在井外的狗，更是急得如同熱鍋上的螞蟻，牠拚命向井裡吠叫，要主人趕緊出來；牠又向四野吠叫，希望有人能來救主人脫困。吠叫了許久，主人仍然在井裡出不來，四野也不見一個人影能來搭救。狗的希望兩邊都落空，牠轉而低聲地哀鳴，徹夜不停，直到天快亮的時候，路旁有人經過，見到一隻狗在井邊低吟，覺得這狗叫聲有點奇怪，因此前往察看，竟然發現有人掉落井裡。

這時楊生見有人來了，趕緊呼叫：「請您救我出去，我一定會好好的酬謝您。」路人說道：「這狗太棒了，把這隻狗送給我，我就救你出來。」楊生說：「這隻狗曾經救過我，使我免於一死，是我的恩人，不能送給您。其他的，您要什麼我都可以給您。」那位路人說：「您若不送我這隻狗，那我就不救你了。」楊生的狗聽路人這麼說，於是將牠的頭低垂到井中，向楊生叫了幾聲，彷彿在說：「主人，您就答應他吧！」楊生聽自己愛犬的叫聲和平日不同，傳達了某種訊息，他能會意。於是就對那位路人說：「好吧！只要您能救我出井，我就將狗送給您。」

路人找來一條繩子拋入井中，將楊生救了出來。然後用那條繩子繫在狗脖子上，將狗牽回自己家中。

過了五天，夜裡大家都睡下了，這隻狗從新主人家偷偷溜出來，循路回到舊主人家。

這故事中的狗，不但忠於主人，與主人感情深厚，還能運用智慧，讓主人脫困。那位路人，見狗如此聰明，能救主，心生喜愛，但是救人如救火，怎能如此談條件，談不成就不救人了？這種態度缺少慈悲心，而且想奪人所愛，也是一種私心。連狗都能明辨真相回到舊主人身邊，可見這隻忠犬的智慧一點都不輸給人呢！楊生真沒白疼牠呢！

清明

孫吳時，襄陽紀信純，一犬名烏龍，行住相隨。一日，城外大醉，歸家不及，臥草中，太守鄧瑕出獵，縱火爇草。犬以口銜純衣不動。有溪相去三五十步，犬入水，濕身來臥處，週迴以身濕之。火至濕處即滅，犬困乏致斃于側，信純獲免。醒見犬死毛濕，觀火蹤跡，因而痛哭，聞于太守，命具棺衾葬之，今紀南有義犬塚。

虞初新志

孫吳時，襄陽紀信純，一犬名烏龍，行住相隨。一日，城外大醉，歸家不及，臥草中，太守鄧瑕出獵，縱火爇草。犬以口銜純衣不動。有溪相去三五十步，犬入水，濕身來臥處，週迴以身濕之。火至濕處即滅，犬困乏致斃于側，信純獲免。醒見犬死毛濕，觀火蹤跡，因而痛哭，聞于太守，命具棺衾葬之，今紀南有義犬塚。

虞初新志

／清明

這則「清明」的故事，發生在三國時代的吳國，那時有一位居住在襄陽的人，名叫紀信純，他養了一隻狗，取名烏龍。紀某人很疼愛烏龍，人狗之間感情彌篤，而且形影不離。

有一天，紀某為了應酬，出了襄陽城，到城外與朋友相聚。這次出城，紀某帶著愛犬烏龍同行。到了城外酒館，三兩好友喝酒聊事，黃湯下肚，欲罷不能。紀某心中歡喜多喝了幾杯，因此酩酊大醉。酒散了，朋友們都走了，紀某獨自走在回家的路上，他醉得幾乎不能成行，走路都有困難，搖搖擺擺的，連方向都找不到。還沒進城，紀某已經不醒人事地昏睡在城外郊野的草地上。

此時，襄陽城的太守鄧瑕，剛好出城狩獵，正在清理獵場，燃燒雜草。而紀某人昏睡在不遠的草叢中，火勢漸漸逼近了，熱浪一波波隨風勢湧了過來。這可急壞了烏龍，牠在主人身邊團團轉並大聲吠叫，但是主人都醒不過來。牠去舔主人的臉，紀某也還是不醒。牠只好用嘴去咬主人的衣服，想將主人拖離火場。奈何主人這麼個大男人，烏龍根本拖不動。

聰明的烏龍，此時靈機一動，牠知道離此約三五十步遠的地方有一條溪，於是他跑到溪邊，躍入溪水中，將自己全身的毛浸溼，趕緊跑回主人身邊，用身上的水濡溼主人的身體、衣服和周邊的草。烏龍心中焦急怕主人危險，快速的一趟又一趟地來回淌水。

當火勢延燒到紀某身邊時，因為周遭已溼成一片，火勢就熄滅了，紀某的性命得保，免於被火吞噬。但是，忠心耿耿又愛主護主的烏龍，因為太過辛勞和疲乏，終於體力不支，倒在主人身邊氣絕身亡。

待紀某悠悠醒來，見到愛犬全身溼透死於自己身旁，大驚之下才發現身邊雜草被火燃燒後熄滅的蹤跡，查看後他才明白了發生了什麼事。是愛犬烏龍救了他一命，他抱著烏龍的屍體痛哭失聲。

有人向太守鄧瑕報告這件忠犬救主的事蹟，鄧瑕很感動，於是下令賜了一具棺木及一副衣冠給烏龍，並囑咐厚葬之。

現在紀南古城的「義犬塚」就是紀念這隻忠犬烏龍的。連狗都能留名千古，真是人類的好榜樣呢！

復仇

袁粲值蕭道成將革命，自以身受顧託，謀起義，遂遇害。有兒方數歲，乳母攜投粲門生狄靈慶。慶曰：「吾聞出郎君者厚賞。」乳母號呼曰：「公昔有恩于汝，故冒難歸汝，若殺郎君以求利，神明有知，行見汝族滅也。」兒竟死。兒存時，嘗騎一大猳狗戲，死後年餘，忽有狗入慶家，遇慶于庭，嚙殺之併其妻，即向所騎狗也。

虞初新志

袁粲值蕭道成將革命。自以身受顧託。謀起義。遂遇害。有兒方數歲。乳母攜投粲門生狄靈慶。慶曰：吾聞出郎君者厚賞。乳母號呼曰：公昔有恩于汝。故冒難歸汝。若殺郎君以求利。神明有知。行見汝族滅也。兒竟死。兒存時。嘗騎一大猳狗戲。死後年餘。忽有狗入慶家。遇慶于庭。嚙殺之併其妻。即向所騎狗也。

虞初新志

／復仇

此幅「復仇」的護生漫畫，閱讀題詞後非常令人震撼，內容述說的是一隻忠犬為主人復仇的故事。此故事非虛構，而是真實發生在劉宋時期，並被收錄在《虞初新志》一書中。

這個令人震撼的故事，是關於劉宋大臣袁粲被奸臣所害，而延伸的一連串事故。袁粲是一位忠臣，官至中書監、開府儀同三司。泰豫元年南朝宋明帝劉彧逝世後，廢帝劉昱繼位，蕭道成、褚淵、劉俟與袁粲等幾位大臣共掌朝政，領石頭戍軍事。後來蕭道成謀反，殺廢帝劉昱，封齊王。荊州刺史沈攸之舉兵反蕭道成。袁粲和劉秉祕商殺蕭道成。蕭道成遣部將戴僧靜聲討袁粲，戴僧靜率領部下越牆衝進城裡。袁粲之子袁最，以身護其父，被刀砍傷，血流不止。袁粲對袁最說：「我不失為忠臣，汝不失為孝子。」隨後父子都死於刀劍之下。當時石頭城有一首民謠：「可憐石頭城，寧為袁粲死，不作褚淵生！」

歷史留待後世去評斷，故事至此，就進入此護生畫主題了。袁粲遇害後，他才幾歲大的小兒子由乳母帶著逃離袁府，投靠袁粲的門生狄靈慶。狄靈慶說道：「我聽說官府正在懸賞捉拿袁家小兒，有重賞呢！」乳母聽狄靈慶這麼說不禁嚎啕大哭，並說：「我家主人公從前有恩於你，我們才會想到來投奔你，希望得到你的庇護。你若殺了袁家小公子以求重賞，神明有知，天理不容，將來會有報應，你狄家會被滅族的。」

狄靈慶聽乳母這麼說竟然無動於衷，將袁家小兒的行蹤報告官府，他領了重賞，而乳母和袁小公子終被殺害。

袁粲的小兒子死後約一年多，有一天忽然有一隻高大俊偉的狗跑進狄靈慶家中，將狄靈慶和他的妻子咬死。這隻大狗就是袁粲的愛犬，袁粲的小兒子生前最愛跟這隻狗一起玩，還經常將狗當馬騎，人狗之間感情深厚。

都已事過境遷一年多了，這隻忠犬卻仍心懷怨恨，伺機為主人報仇。這故事很震撼人心。人們都知道冤冤相報何時了，但是對一隻害死小主人讓牠懷恨在心，且復仇心切的忠犬來說，牠終於得遂心願；對恩將仇報，昧著良心將恩人送官府而領取重賞的狄靈慶來說，可是惡有惡報。

希望這隻忠心耿耿的狗，已放下仇恨，安息了！

助弱滅強

某氏園亭中，有古樹鵲巢其上，伏卵將雛。一日，二鵲徊翔屋上，悲鳴不已。頃之，有數鵲相向，漸鳴漸近，百首皆向巢。忽數鵲對喙鳴，若相語狀，颺去。少頃，一鸛橫空來，閣閣有聲，鵲亦尾其後，群鵲相向而噪，若有所訴。鸛復作聲，若允所請。瞥而上擣巢，銜一赤蛇吞之，群鵲喧舞，若慶且謝者。蓋鵲招鸛搏蛇相救也。

虞初新志

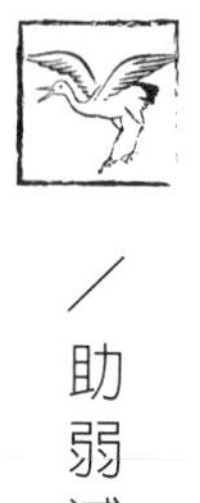

／助弱滅強

《虞初新志》這部書裡，千奇百怪的奇異事蹟都有，被收進《護生畫集》的大都跟動物有關。這則「助弱滅強」講述的是鳥類社會相互幫助的感人故事。

故事發生在某一個人家，此戶庭園中的涼亭旁，有一棵枝繁葉茂的高大古樹，樹上有一對鵲鳥築巢，母鵲在巢中孵卵多時，鵲卵即將孵化為雛鳥。有一天，這對鵲鳥夫婦在此戶人家的屋頂上飛翔徘徊，樣子焦急不安，還不斷悲傷鳴叫，好似在求救。附近的鵲鳥聽聞這不祥的悲鳴聲，都紛紛飛過來瞧個究竟。牠們從別的樹上邊飛邊鳴叫，召集更多鵲鳥過來，大夥兒漸飛漸近，都來查看這對鄰居發生問題的窩巢。

看過窩巢後，鵲鳥們都了解發生什麼緊急的事了。這時只見數對鵲鳥喙相對不停鳴叫著，好似在交談，對談了一陣後，似乎有了結果，於是相繼飛走。

不久，有一隻大鸛鳥，張著翅膀橫空而來，凌空而降，降落在此戶人家的屋頂上，嘴裡還咯咯有聲地作響著，看去非常威嚴且氣勢不凡。剛才飛走去請來大鸛鳥的那些鵲鳥們，就跟在大鸛鳥的後面一起回來。鵲鳥們相互對望著，不斷地鼓譟，吱吱喳喳地好似在向大鸛鳥述說著什麼。大鸛鳥聽著，彷彿聽清楚了，還回答了鵲鳥們的話，看去像是答應了鵲鳥的請求。

大鸛鳥已然完全了解情況，牠很快地瞥了求救的鵲鳥夫婦窩巢一眼，立即起飛直搗窩巢，往巢中一看，啣出一條紅色小蛇，並將小蛇吞下肚。

此時，鵲鳥們興奮地嘩然喧叫，高興地在空中飛舞，那樣子就像在歡慶，也像在向大鸛鳥道謝。

原來，那對正在孵卵的鵲鳥夫婦，窩巢裡爬進了一條小蛇，鵲鳥夫婦怕蛇會吃掉小鳥蛋，於是大聲呼救，群鵲前來共商救援大計，請來大鸛鳥助陣，將蛇除去。

這則鳥類社會中相互救助，助弱滅強的故事，跟人類社會鄰里間守望相助，相互扶持，防範竊賊的睦鄰故事是相同的。

同為有情眾生，形體雖各殊，但是情感和社會結構以及守望相助的精神卻相去不遠呢。對如此有情有義的動物，身為萬物之靈的人類，更應多加愛惜牠們，不要一時好玩就拿彈弓或是獵槍對準他們射去喔。

禦敵

同治庚午歲，湖北咸寧鄉間頗有虎
患。有盛氏兒牧牛于郊，突与虎遇，兒
從牛背墜地，牛以身庇之，奮其角与
虎鬥，不勝。有他牛来助之，虎乃去。盛
氏兒得不死。而所牧牛竟以重傷而
死。于是盛氏長老咸集，皆曰：此義牛
也。買棺斂之，穴地葬之，日為作佛事，
而使此兒斬衰治其喪，若喪所親者
然。謂之「牛孝子」。

俞曲園筆記

同治庚午歲，湖北咸寧鄉間，頗有虎患。有盛氏兒，牧牛于郊，突與虎遇，兒從牛背墜地，牛以身庇之，奮其角與虎鬥，不勝。有他牛來助之，虎乃去，盛氏兒得不死。而所牧牛，竟以重傷而死，于是盛氏長老咸集，皆曰：「此義牛也。」買棺斂之，穴地葬之。日為作佛事，而使此兒斬衰治其喪，若喪所親者然，謂之「牛孝子」。

俞曲園筆記

／禦敵

這則「禦敵」的故事，造就了一位認牛為父的「牛孝子」。認牛為父，以人類社會來說，是一件奇異的事，除非這頭牛對人有救命之恩，才有可能發生。

這則故事講述的正是這樣一頭奮不顧身，以性命與虎相搏而救主的義牛事蹟。

事情發生在清朝同治庚午年間，在湖北省咸寧地方有一處農村，那兒經常有老虎傷人的事件，人們視虎為大患，總是隨時提防著。

時值農閒，耕牛也在休假。村子裡一戶姓盛的農家，家人差遣一個小男孩帶著牛到郊外去放牧。小孩兒漫不經心，也不夠警醒，騎在牛背上，邊走邊玩耍。牛能不必下田拉犁耕地，當然心情也大好，閒閒地邊走邊吃草。

忽然，迎面來了一隻猛虎，那虎的身影一出現，小男孩已經嚇得渾身發抖，那虎張嘴輕吼了一聲，那男孩聽起來如雷鳴般，嚇得他從牛背上跌了下來。

這下可慘了，牛的體型大，頭上的一對角銳不可當，即使猛虎也要讓牠三分，不敢隨意攻擊，除非虎群聯合起來才會合力攻擊牛，所以小男孩若騎在牛背上是安全的，但是他驚嚇過度，不小心跌落地上，給了老虎可乘之機，所以男孩性命堪憂了。

老虎衝了過來，正要直撲男孩；此時，那頭牛以自己的身體去庇護小主人，擋住老虎的攻勢，然後奮力以頭上的角當武器，與老虎打鬥。老虎有尖銳的利牙和利爪，撲和抓都鋒利無比。

牛和老虎扭打了好一會兒，牛不是老虎的對手，牛身上已經傷痕累累，逐漸敗下陣來。牛和老虎的吼叫聲，驚動了附近的牛群，有幾頭牛跑過來助陣，聯手對老虎還擊。老虎自知敵不過幾頭牛合擊，於是放棄快到嘴的肉跑了。

盛家的小男孩在千鈞一髮之際，脫離虎口得救了，但是他放牧的那頭牛卻因傷重而死亡了。

小男孩驚魂未定地跑回家報告被老虎攻擊的事件，全家人都跑到現場去查看情況，都驚歎這小男孩命大，能脫離虎口；也感嘆這頭牛為救小主人而喪命。

盛家的長老們齊聚一堂，都讚歎那不顧危險犧牲自己保全小主人性命的牛是一頭義牛，應該厚殮。

於是，盛家鄭重其事，為義牛量身訂做了棺木，還挖了墓穴，好好地埋葬了這頭義牛。並為義牛舉辦超渡佛事等。而這個大難不死的盛家小男孩，為救他的義牛披麻帶孝，將牛當成父母般，以孝子之禮為牛治喪。人們都稱他為「牛孝子」。

這則故事中的牛和人都重情重義，牛為主人搏命，已經夠感人，而人們感恩牛，把牛當成再生父母以人子之禮相待，對牛的感恩之情更是感人肺腑！

爲人負米

楊光遠之叛青州也，有孫中舍，忘其名，居圍城中，族人在州西別墅。城閉既久，內外隔絕，食且盡，舉族愁嘆。有畜犬傍徨其側，有憂思。中舍因囑曰：「尔能為我至莊取米邪？」犬搖尾應之。至夜，置之一布囊，并簡，繫犬背上。犬即由水竇出，至莊鳴吠，居者開門，識其犬，取簡視之，令負米還，未曉入城，如此數月，比至城開，孫氏闔門數十口，獨得不餒。

澠水燕談錄

／為人負米

此畫描述的是一隻頗通人性的忠犬，憑機智偷偷往返城裡城外馱負米糧，使主人免於挨餓的感人故事。此故事出自《澠水燕談錄》一書，宋王闢之著。十卷。其〈自序〉云：「閒接賢士大夫談議，有可取者輒記之，久而得三百六十餘事，私編之為十卷。」全書分〈帝德〉、〈名臣〉、〈奇節〉、〈忠孝〉、〈才識〉、〈高逸〉、〈官制〉、〈文儒〉、〈歌詠〉、〈書畫〉、〈雜錄〉、〈談謔〉等若干類，記錄了當時賢士大夫的談議，內容涉及政事、官制和文化。其中記錄了宋代的著名文學家李昉、樂史、柳開、柳永、歐陽修、范仲淹、尹洙、石延年、蘇舜欽、劉攽、蘇洵、蘇軾、蘇轍等人的詩文和事跡，是文學研究的重要資料。

故事述說後晉天福八年，楊光遠叛變，密結契丹爲外援，率部隊圍攻青州，當時有一位姓孫的中舍官，不記得叫什麼名字了，全家都陷在圍城中，他的族人居住在青州城西邊的別墅裡，互相無法通音訊，兩邊都焦急萬分。城裡城外成了兩個隔絕的世界，圍城日久，城裡的糧食都已耗盡，居民苦不堪言，孫中舍家已經沒有存糧，個個唉聲嘆氣愁眉不展。

孫中舍家中養的一隻狗，見主人如此煩憂，於是在主人身邊打轉，彷彿有話要說似的。孫中舍無奈地對著這隻忠心耿耿的狗說：「你能為我到城外村莊的別墅中去取米來嗎？」孫中舍只是隨口問問，沒想到這隻狗好像真聽懂了，不斷搖著尾巴答應。

那天夜裡，孫中舍準備了一個布袋，並寫了一封信給城外的族人。他把布袋和信一起綁繫在狗的背上，讓狗獨自出門。那隻狗循著城裡的排水洞，鑽到城外，順利回到孫家在莊外的別墅，在外面不斷吠叫。屋裡有人開門查看，認出這是孫中舍家中所養的狗，於於取下狗背上的信來閱讀，然後將狗帶來的布袋裝滿米，讓狗背著回去城裡。狗不負使命，在天還亮前就背著米回到孫中舍家中。

這讓孫中舍太感意外了，這狗的機智不比人差，能擁有這樣一隻能為主人分憂解勞的狗，真是太幸運了。孫中舍不禁對這隻狗刮目相看，也更疼愛有加。

圍城期間這隻狗經常往返城裡城外的運米，解了孫中舍全家飢餓之苦。好不容易叛變事件落幕，城門開了。在城被圍的幾個月中，孫中舍家中數十口人，是城裡唯獨沒挨餓的人家。

孫中舍所飼養的狗，不但聰慧而且機智過人。牠雖不是人類，但如此聰慧的狗，很可能前世是人，今生轉入畜牲道。人們讚歎畜牲聰明可愛，善解人意時，其實是在讚揚一位跟我們一樣在六道中輪迴不休的有情眾生呢！所以當我們有緣生在人道，就應該對其他有情眾生多加愛惜。

攔輿告狀

浙西人劉承節自贛州赴任但与一子一僕乘馬而東至信之貴溪午駐逆旅逢數賈客篋中銀可百兩為客窺見會日暮皆留宿諸賈客皆盜也夜久操杖入劉室劉本從軍有膂力揮刃斷其一臂衆懼而散走劉促僕起即去至高岡下与盜遇雖与拒鬥而寡不敵衆並子僕死焉所乘馬躑躅于道適主簿出按田馬迎之車前局足如拜已退復進凡六七返主簿異之曰是必有冤訴遣數輩隨馬行到岡畔坡坨下馬凝立滿地血點腥觸人三尸在穴肢體尚暖立督里正訪捕不終朝盡成擒並坐誅

夷堅志 劉

浙西人劉承節自贛州赴任，但与一子一僕乘馬而東，至信之貴溪，午駐逆旅，逢數賈客，篋中銀可百兩，為客窺見。會日暮，皆留宿，諸賈客皆盜也，夜久操杖入劉室，劉本從軍，有膂力，揮刃斷其一臂，眾懼而散走。劉促僕起，即去至高岡下，与盜遇，雖与拒鬥，而寡不敵眾，並子僕死焉。所乘馬躑躅于道，適主簿出按田，馬迎之車前，局足如拜，已退復進，凡六七返，主簿異之，曰：「是必有冤訴。」遣數輩隨馬行，到岡畔坡坨下，馬凝立，滿地血點，腥觸人。三屍在穴，肢體尚暖，立督里正訪捕，不終朝盡成擒，並坐誅。

夷堅志

／攔輿告狀

在小說和戲劇中，經常可見欽差大人到某地時，有冤屈的百姓「攔輿告狀」。但是這則故事中攔輿告狀的不是人，而是一匹馬，這就令人感到驚奇了。

故事中的馬是浙西人劉承節所飼養的。有一天劉承節從贛州出發要到外地去任職，他帶著一個兒子和一位僕人上路。他們乘著馬車往東走。到了中午時分，來到信之貴溪，停下馬車，到一家酒店用膳。酒店裡有幾位看去像是生意人的也同在用餐。

劉承節在付餐費時，箱篋中的一百多兩銀子不小心露了白，讓那幾位商人看到了。那天劉承節在這家酒店留宿。幾位生意人也在這家酒店住下。沒想到那幾個生意人原來都是盜匪，見劉承節帶了這麼多銀子，起了歹念，準備趁夜裡動手盜取錢財。

夜闌人靜時，盜匪開始行動了。他們拿著武器偷偷潛入劉承節的房間。劉承節驚醒，與盜匪對抗。他從前是一位軍人，孔武有力，迅速拿起刀，砍傷其中一位盜匪的手臂。那幾位盜匪沒想到會遇到攻擊，驚慌之下奪門而逃。

遇盜匪劫財，令劉承節感到不安，於是連夜退房，帶著兒子和僕人乘著馬趕路。他們走到不遠處的高岡下時，再次遇到埋伏於該處的盜匪，劉承節立即反擊，但是他寡不敵眾，在打鬥中，不但自己被盜匪殺害，連他的兒子和僕人也一併被害而亡。可憐主僕三人於他鄉命喪黃泉，留下一匹馬，獨自躑躅於道路旁。

馬兒有口不能言，心中哀傷也無法吐露。但是這匹馬非等閒之輩，牠心中自有主張，要為主人伸冤。牠離開高岡下，來到通衢大道旁，準備伺機而動。此時剛好縣裡主管文書簿籍的主簿官到鄉間巡察，馬兒看到官輿，就主動跑到轎前，抬起腳不斷拜著。隨從將馬趕走，馬兒不死心又回來再拜，如此持續了六、七次之後，主簿覺得事有蹊蹺，說道：「這馬兒必有冤屈要申訴。」於是派了幾個隨從跟著馬去看個究竟。

馬兒帶著差官來到主人遇害的高岡下，就站立不動了。那裡滿地血跡，差官知道出事了。於時循著血跡往前尋找，果然在岡畔坡坨下方洞穴中，找到了三具尚溫熱的屍體。

差官回報主簿，主簿馬上召來當地里正查案，並督促立時訪查追捕盜匪。不到一天時間就破案了，盜匪全數緝捕到案。案情清楚明白後定讞，主簿下令將劫財害命的盜匪全部斬首。

馬兒為主人復仇並成功申冤，真是奇事！雖然盜匪死了也換不回主人寶貴的性命，但是一匹馬能對主人如此忠心，且聰明的運用智慧為主人伸冤，怎不令人敬佩，人都不一定能做到哩！真叫人感動，人類真的不能小看任何動物，對動物更要心存尊敬。

流芳百世

正德間有張姓者獲一
雁置于中庭明年有雁
自天鳴庭雁和之久而
天雁自下彼此以頭絞
死于楼前因名楼曰雙
雁楼

虞初新志

正德間有張姓者，獲一雁，置于中庭，明年，有雁自天鳴，庭雁和之，久而天雁自下，彼此以頭絞死于樓前，因名樓曰：「雙雁樓」。

虞初新志

／流芳百世

《虞初新志》一書中所收錄的，有關動物和人之間，或動物與動物之間的故事，都感人至深。世間事無奇不有，最動人心人的無非是感情之事，這是世間人煩惱的根源，但也是人世間能綿延不絕，代代相傳並創造無數文化和文明的根本之一。人如此，動物也如此。

這則「流芳百世」的故事，就是一樁叫人感慨萬千的感情事，故事的主角是一對痴情大雁。

話說在明朝正德年間，一位姓張的人家，有一天他獲得了一隻雁，看著喜歡，就拿回家來養。他買了一個鳥籠，把雁養在院子裡，像養一般小鳥般地飼養著。

這隻雁，在張家養了一年時間。到了第二年，忽然有一天，張氏聽見天空有雁的鳴叫聲響起，一聲一聲地，好像是在呼喚著什麼；這時，張氏養在院子裡的那隻雁，聽見這呼喚聲，立即聲聲應和著。兩隻雁相互呼喚對方，彷彿是舊識，可能是去年在遷徙時失散的一對雁夫妻，如今又再重逢了。

試想想，這一年來，一隻雁被人類捕獲養在家裡，牠是在天空飛翔中忽然失蹤，牠的配偶必定焦急萬分，不知尋找了多久？也不知有多麼傷心難過！以為這輩子再也見不到對方了。被捕的這隻，被關在籠子裡，失去自由，竟沒一頭撞死在籠子裡，想必也是思念配偶，希望能有再見之日，才苟且偷生著。

第二年又見大雁遷徙，關在籠中的雁見到飛過空中的雁不禁唉唉鳴叫，果然吸引了飛翔中的配偶注意，於是凌空鳴叫，而籠中雁也即刻應和。這對雁夫妻離散了一年，終於尋到彼此而重逢了。

大雁自空中飛翔而下，兩雁相互鳴叫並互訴衷曲，發現自己心愛的且尋找許久終於再見面的配偶，被關在籠子裡，出不來，不能隨牠一起飛翔。

這事實多麼叫人悲傷啊！喜事又成了慘事！夫妻倆竊竊私語了一陣，大雁不忍獨自離去，籠中雁也不想獨活，最後兩雁相約同生同死。於是夫妻倆互相將頸子交纏在一起窒息而死，雙雙共赴黃泉。

張氏在一旁看著，沒想到會是這種結局，他必定大為後悔，剛剛應該快快放了籠中雁，讓牠們夫妻重逢，也不至殘害二命，但是後悔已經來不及了。

大雁，是候鳥，是關不得的。雁又如此烈性子，關了牠們，總是撞死得多，希望愛鳥的人士不要再捕獵候鳥了。

這位張氏，所能做的補救，就是好好埋葬了這兩隻雁。人們也為這對大雁的愛情和殉情故事所感動，因此稱這樓為「雙雁樓」。這一對雁也因此留芳百世了。

哭友

李邁庵自記：自滇遊回，有僕染瘴而死。僕攜有二鸜鵒，流淚三日不休，亦死。

虞初新志

李邁庵自記：自滇遊回，有僕染瘴而死。僕攜有二鸜鵒，流淚三日不休，亦死。

虞初新志

／哭友

人和動物之間的感情，和人與人之間的感情，可以同樣真摯，同樣有情有義，同樣忠心耿耿。但是人與動物雖同為有情眾生，同樣貪生怕死，同樣有情識，但畢竟人是人，動物是動物，還是有所不同。不相同的除了形體，還有就是心。心的不同，在於人心是複雜多變的，而動物心則單純多了。所以朋友、夫妻、子女、同事……有時會反目成仇，但你飼養且疼愛的動物卻能不在乎你的窮富美醜而永遠不變心。

《虞初新志》中這一則「哭友」的故事，就是人與動物之間感情不移且感人肺腑的事蹟。這故事是由一位叫李邁庵的人親自記錄下來的，這事就發生在他身邊，是他親眼所見，印象特別深刻。

李邁庵有一年到雲南去了一段時間，後來又回到家鄉。他在雲南這段時間身邊帶有一位僕人。這位僕人盡忠職守，與李邁庵常相左右，如同家人一般。

這位僕人養了一對鸚鵡，李邁庵經常見到僕人沒事時就逗著鸚鵡玩兒。僕人很疼愛鸚鵡，和鸚鵡的感情很好。李邁庵覺得很有趣，他見到人和動物之間，似乎很能溝通。那兩隻鸚鵡很有靈性，與僕人相依相親。

李邁庵要回家鄉了，他帶著僕人上路。僕人帶著那一對鸜鵒，一路相隨著。雲南地方氣候潮濕瘴癘重，他們一路奔波勞累，結果僕人在路上染上瘴氣，醫藥無效，不幸死了。那兩隻鸜鵒，見主人死了，竟也悲傷地哭了三天，流了三天淚，終於不敵傷痛，跟隨主人一起死了。

僕人死了，李邁庵已經感到很傷心，那兩隻鸜鵒也悲傷地流淚而死，讓他除了傷悲之外還大感意外。他沒料到鸜鵒和僕人的感情真摯到如此深情的地步，竟會為既是主人亦是朋友的人哭到斷腸而死去。

鸜鵒哭友流淚而死讓李邁庵震驚，因此親手將這件事記錄下來。這件奇人異事，後來被收錄到《虞初新志》一書中，得以流傳後世。

母之皮

先君向守鄞江，屬邑武平，素產金絲猿。大者難馴，小者則其母抱持不少置。法當先以藥矢斃其母。母既中矢，度不能自免，則以乳汁遍灑林葉間，以飲其子，然後墮地就死。乃取其母皮痛鞭之，其子亟悲鳴而下，束手就獲，蓋每夕必寢其皮而後安，否則不可育也。噫，此所謂獸狀而人心者乎！取之者不仁甚矣。

齊東野語

先君向守鄞江，屬邑武平，素產金絲猿。大者難馴，小者則其母抱持不少置。法當先以藥矢斃其母。母既中矢，度不能自免，則以乳汁遍灑林葉間，以飲其子，然後墮地就死。乃取其母皮痛鞭之，其子亟悲鳴而下，束手就獲，蓋每夕必寢其皮而後安，否則不可育也。噫，此所謂獸狀而人心者乎！取之者不仁甚矣。

齊東野語

／母之皮

明朝文學家景濂，在其著作《潛溪集》裡，收錄有以下這個故事：

在《齊東野語》這部書裡，記載著一則〈母之皮〉的的慘劇，此事件雖發生在金絲猿的身上，但是造成此慘劇的卻是人。此人的殘忍，所造成的傷害，稱之為傷天害理不為過，也可以用慘絕人寰來形容。

《齊東野語》為周密撰，二十卷。專記南宋舊事，如：〈胡明仲本末〉、〈李全〉、〈朱漢章本末〉、〈鄧友龍開邊〉等可補《宋史》之不足，又記文壇掌故、文人軼事，許多故事如〈洪端明入冥〉、〈吳季謙改秩〉，〈臺妓嚴蕊〉等成為後世小說、戲曲的重要素材。

作者景濂的父親，曾經駐守在鄞江屬邑武平。此地生長著一種珍稀難得的動物——金絲猴。金絲猴身上的毛，美麗又珍貴。成年的金絲猴，動作敏捷難以捕捉，即使被捕也很難馴服，所以捕獵金絲猴的人，都會誘捕小金絲猴，但是小猴正在哺乳期，都被母猴抱在懷裡，一刻也不離身，因此獵人都會將母猴殺害並以母猴為餌，來控制小猴。

獵人一般都會埋伏一旁，先觀察母猴，然後趁母猴沒防備時，以塗上毒藥的箭去射母猴。母猴中箭後，自知不久將死，會以乳汁遍灑在附近的樹葉上，讓小猴子能再多吃點乳。

唉！母猴臨死前的餵乳，其實是杯水車薪，不足以餵食小猴至斷乳，但天下父母心，能付出多少就付出多少！這母愛真是感人，臨死都還為孩子著想，跟人類沒甚麼兩樣！

母猴儘量多灑些乳汁之後，不敵毒藥效力發作墮地而亡。

此時，在一旁等候的獵人，將死去的母猴身上美麗的皮毛剝下來，然後用力鞭打。小金絲猴在樹上見到這情景，傷痛得哭著爬下樹來，獵人不費吹灰之力就捉拿到小猴子了。

可憐的小猴子，失去了至親至愛的媽媽，每天想念著媽媽，悲傷欲絕地哭泣著。獵人為了安撫小猴子，就將母猴皮拿出來陪伴著小猴子。每天晚上小猴子都要睡在母親的皮毛上才能安寢，可見小猴子是多麼需要媽媽呀！這跟人類的小孩一模一樣呢！獵人聰明得以母猴皮誘騙小猴子，才能慢慢將小猴子養大，否則是無法養育的。

唉！小猴子所表現的這種情形，就是獸狀人心，也就是雖然看去是野獸，但是擁有跟人一樣的心智和情識，這是有情眾生特性，而人類也是有情眾生中的一環，怎忍心如此同類相殘，這樣誘捕小金絲猴，真是一點身為人的仁愛之心都沒有呢！

逞藝傷生

仁宗讀五代史，至周高祖幸南莊，臨水亭，見雙鳧戲于池，出沒可愛，帝引弓射之，一發疊貫，從臣称賀，仁宗掩卷謂左右曰：「逞藝傷生，非朕所喜也。」內臣鄭昭信，掌內饔十五年。嘗面誡曰：「動活之物，不得擅烹。」深惡于殺也。

玉壺清話

仁宗讀五代史，至周高祖幸南莊，臨水亭，見雙鳧戲于池，出沒可愛，帝引弓射之，一發疊貫，從臣称賀，仁宗掩卷謂左右曰：「逞藝傷生，非朕所喜也。」內臣鄭昭信，掌內饔十五年。嘗面誡曰：「動活之物，不得擅烹。」深惡于殺也。

玉壺清話

／逞藝傷生

此則護生畫出自《玉壺清話》書中。《玉壺清話》為宋朝文瑩所著。其在自序言：「玉壺，隱居之潭也。文瑩收古今文章著述最多，自國初至熙寧間，得文集二百餘家，僅數千卷。其間神道碑、墓誌、行狀、實錄及奏議、碑表、野編小說之類，傾十紀之文字，聚眾學之醇郁。君臣行事之跡，禮樂憲章之範，鴻勛盛美，列聖大業，關累世之隆替，截四海之見聞。惜其散在眾帙，世不能盡見，因取其未聞而有勸者，聚為一家之書。及纂《江南逸事》，並為李先主昇特立傳，釐為十卷。」

此部書中收錄有一則故事，講述的是五代後周高祖隨意「逞藝傷生」，宋仁宗很不以為然，他不認同無緣無故地隨意殺生，他覺得這不是仁君該有的行為。

有一次，宋仁宗在御花園裡讀書，他手上拿著的是《五代史》，讀得正起勁著。書中有一章寫到，有一次後周高祖遊興濃，來到南莊賞玩。那裡的風景優美，處處賞心悅目。後周高祖在散步賞景時，信步來至一處水邊的涼亭，他在亭子裡小坐。這時，水面上有一對水鴨子在游水嬉戲。灰白色的雄水鴨和淡黑色的雌水鴨在水面上載浮載沉，歡樂地聒聒叫著。高祖看著這一對水鴨子，長得如此漂亮，動作又這麼可愛，心裡很歡喜。這種歡喜心竟激起想射箭自愉的心，他一時技癢張起弓，拿起箭，對準了那兩隻水鴨子，一箭射過去，哇！後周高祖箭不虛發，而且一箭雙鴨，一發疊貫。跟隨在他身邊的侍從官們，都討好地大大讚揚後周高祖百發百中的好箭術。後周高祖也洋洋自得，感到驕傲無比。

宋仁宗是一位生性仁慈的君主，讀到這裡，不禁搖搖頭，掩卷嘆息，他對身邊的隨從說道：「為了逞能，賣弄自己高超的箭術而隨意傷生，殺害無辜的生命，太不應該了，這種行為是我最不喜歡的。」我的侍從官饔人鄭昭信，掌管內宮宰烹等伙食已經十五年了。我曾經當面告誡過他：「活生生的動物，除非不得已，不得擅自捕捉殺害烹煮。」我是最厭惡隨意殺生的。

從宋仁宗的語言和行為中，可看出他是一位愛惜生命，尊重生命的君主。

探牢

有人取黃鶯雛，養于竹籠中。其雌雄接翼，曉夜哀鳴于籠外。則更来捕之。人或在前畧無所畏。積数日不放出籠，其雄雌繚繞飛鳴，無従而入。一投火中，一觸籠而死。剖腹視之其腸寸斷。

虞初新志

有人取黃鶯雛，養于竹籠中。其雌雄接翼，曉夜哀鳴于籠外。則更來捕之。人或在前畧無所畏。積數日不放出籠，其雄雌繚繞飛鳴，無從而入，一投火中，一觸籠而死，剖腹視之其腸寸斷。

虞初新志

／探牢

「探牢」，一般指的都是有人因犯罪定讞被關進監牢裡，他的親朋好友去探望稱之為探牢。但是，這則漫畫中所選的「探牢」故事，寫的不是人，而是一個鳥類——黃鶯家庭的悲慘故事。

故事是這樣的，從前有一個人，他從黃鶯鳥的窩巢裡，捉走了一隻剛孵化不久的小黃鶯，買了一個竹鳥籠，將小黃鶯放進鳥籠中，提回家去養了起來。每日賞玩，聽鶯啼，自己開心著。

但是，失去小寶寶的黃鶯鳥夫妻，可急壞了。小孩被人類綁架了，被人強取豪奪，讓黃鶯夫妻傷透了心。想想，要是人類的小心肝寶貝無緣無故被搶走了，為人父母的不急瘋了嗎！

於是，失去心肝寶貝的黃鶯夫妻，日日夜夜不停地飛到關小黃鶯鳥的鳥籠旁，去探望自己心愛的孩子。見到自己的孩子這樣子被關住，好像關在監牢中一般，黃鶯夫妻心裡多傷痛，多不忍啊！三隻黃鶯，一個鳥家庭的成員，兩隻在籠外呼喊著：「我可憐的兒啊！」一隻在籠裡哭叫著：「爸爸、媽媽快救我出去！」真讓人傷感啊！

這一對黃鶯夫妻不死心的一直在竹籠外徘徊飛翔，怎麼也不肯離去。有人靠近了也不怕。

就這樣子持續了好幾天，那捉小鳥的人還是不肯將鳥寶寶還給黃鶯夫妻。那一對黃鶯，不斷哀鳴著並繞著籠子飛，想鑽進竹籠裡，卻無從而入，只能乾著急。

悲傷過度，已經絕望的黃鶯夫妻，最後雙雙自盡而死。一隻投入火中，被火燒死了；一隻用力猛撞竹籠，頭破血流而死。

太悲慘了！是什麼樣心腸的人，竟能坐視這種慘絕人寰的事在眼前發生？

人們竟然還將那為子女抗議而犧牲性命的黃鶯夫妻的屍體加以解剖，實在是慘上加慘，結果發現黃鶯夫妻真的悲傷痛絕而至肝腸寸斷。

黃鶯，是多可愛的小動物啊！牠們可是森林中美麗的小精靈，有了牠們，我們的世界變得多美麗啊！為何有人會開這種喪盡天良虐待動物的玩笑而自娛呢？太不可思議了！這種人應該被關進牢裡才對呢！

橫禍

元貞二年、燕人柳湯佐家、双燕巢梁。一夕、家人持火照蝎、其雄驚墜。猫食之。雌朝夕悲鳴、哺雛成翼而去。明年、雌獨来、人視巢有二卵、疑其更偶。徐視之、則二殼耳。春秋去来、凡六載皆然。

虞初新志

元貞二年，燕人柳湯佐家，双燕巢梁。一夕，家人持火照蝎，其雄驚墜，貓食之，雌朝夕悲鳴，哺雛成翼而去。明年，雌獨來，人視巢有二卵，疑其更偶，徐視之，則二殼耳。春秋去來，凡六載皆然。

虞初新志

／橫禍

問世間情是何物，直教人生死相許。提到一個情字，是多少情緒和思想所組成的，是最內心的、最隱密的一種感覺，也是最是有理說不清的感情。人的感情世界和動物的感情世界都如此一般。

這則「橫禍」的故事，讀來頗為沉重和感動，雖然講的是一對燕子的故事，但是人間這種情事也常聞，讓人思及動物和人真是同源種性，同為有情眾生，彼此要多多愛惜呢！

話說天有不測風雲，人有旦夕橫禍，動物也一樣。故事發生在元成宗元貞二年，燕地，即今河北，有一個人名叫柳湯佐，他家屋子的梁上，有雙燕飛來築巢。燕子夫妻忙進忙出的共築了一個愛巢後，母燕生下了兩顆卵並開始孵蛋，夫妻倆期待著小寶寶的誕生。柳家人每天都聽到梁間燕子咕噥咕噥地呢喃聲。那一聲聲都是愛的語言呢！

有一晚，屋子裡發現蠍子，柳家人持著燭火尋去，直尋到梁木間。沒想到卻驚動了已經熟睡的燕子夫妻，將牠們吵醒了。雄燕猛然被驚醒，還沒回過神來，一不小心從鳥窩中跌出來，尚未展開翅膀飛翔，就墮下地來。

好巧不巧的是，柳家所飼養的貓正在一旁，一躍而起，將燕子一口咬住。

哇！這真的是太不幸了！天降橫禍，誰也沒料到，柳家人想搶救燕子都來不及，只能眼睜睜看著貓把燕子撕咬並吞食了。

雄燕死了，雌燕日日夜夜的悲傷鳴啼，柳家人雖然同情母燕的遭遇，也可憐小燕子還沒出生就失去了爸爸，但又奈何，幫不上忙啊！

母燕失偶悲痛欲絕，但為巢中即將出生的小寶寶著想，還是含悲忍淚繼續孵蛋。小寶寶出生了，母燕獨自撫養著孩子，孤獨的去為小燕子找來食物，將牠們餵得飽飽的。孩子一天天長大，羽翼豐滿，學會飛了。燕媽媽帶著兩個孩子飛離這個令牠傷心的愛巢。

第二年，又到燕子築巢的季節，柳家人發現那隻母燕又回到舊巢，安坐在巢中彷彿在孵蛋，柳家人趁母燕出外覓食時，偷瞧了燕窩一眼，發現裡面真有兩個蛋。大家都以為母燕又找到新的配偶，生了兩顆蛋正在孵育呢。

但是看了幾天，都見母燕獨自飛來飛去的，一邊孵蛋，一邊出外覓食，怎麼都不見雄燕呢？後來又有人爬上燕巢仔細看了一回，才知道燕巢裡的不是兩顆蛋，而是去年母燕所孵出的兩個蛋殼。

原來，母燕喪偶後，獨自悲痛地品嘗著孤獨的滋味，牠思念丈夫並矢志守節。為了懷念丈夫，牠每年都會回到舊巢，獨自守著，這樣春秋去來，牠一連來了六年。後來就再沒見到了，癡情的母燕，或許已追隨丈夫而去了。

夫婦

顧敬亭稼圃，傍有羅者得一雁，鍛其羽，繫其足，立之汀畔以為媒，每見雲中飛者，必昂首仰視。一日，其偶者見而下之，特然如土委地，交頸哀鳴，血盡而死。

虞初新志

顧敬亭稼圃，傍有羅者得一雁，鍛其羽，繫其足，立之汀畔以為媒，每見雲中飛者，必昂首仰視。一日，其偶者見而下之，特然如土委地，交頸哀鳴，血盡而死。

虞初新志

／夫婦

「夫婦」這則漫畫，又是一個禽鳥為愛殉情的悲慘故事。世間有許多鳥類，是一夫一妻的恩愛配偶，一旦結成夫妻後，雙方對其伴侶的感情終身不移，甚至伴侶死後，也不願獨自活著。因此，有些獵人會利用這種鳥的特性，因此捕捉到一隻鳥後，以此鳥為餌，不費吹灰之力，就能誘捕到牠的配偶，而雙雙落網。這則「夫婦」的故事，就是這樣一則悲劇。

故事發生在一個叫顧敬亭的人家屋旁的田園中。有一天，田園裡來了一位獵鳥人，架設起羅網捕捉空中的飛鳥。細格子的羅網，是設在空中的陷阱，飛翔的鳥兒看不見網子，一不小心就會飛進羅網中，被細格網卡住，無法脫身。果然，網才張好不久，很快就有一隻雁落網了。

捕鳥的人，將這隻落網的雁解下來，將牠的羽翼剪掉，讓牠不能飛翔，然後用繩子綁住雁腳，將繩子的另一端繫在一棵樹上。獵人讓雁站在水岸邊當成誘餌，吸引飛過空中的雁群。

這隻被困住而失去自由的雁，心情可想而知必定相當憂愁，牠總是期盼地遙望天空，希望能夠再飛翔，牠更想念原本和牠一起飛，但牠不小心落網後，如今不知去向的心愛配偶。所以只要見到空中有雁飛過，牠就會抬起頭，並且目不轉睛地看著，希望她另一半會找到牠，來解救牠，然後雙雙飛向溫暖的南方去。

終於被牠盼到了，有一天，一隻雁凌空飛下來，牠定睛一看，果然是牠思思念念的另一半。

但是，牠的那一半發現無法救牠，而且牠的羽翼已斷，根本無法再飛行了。雁夫妻的悲傷可想而知。但是牠心愛的配偶既然相尋了來，夫妻團圓了，當然不會拋棄心愛的配偶獨自飛離。於是雙雁相互纏繞著脖子，並哀哀鳴叫著，牠們的哭叫聲悲戚絕望而令人心酸。

雁夫妻叫著叫著，叫到口吐鮮血還不停止。唉！那悲傷有多長啊！那絕望有多深啊！

終於，雁夫妻哭叫到血盡而死亡，雙雙共赴黃泉。是的，黃泉路上牠們還相攜相扶，一起奔赴不可知的未來。

只是，不知那張網殺害雁夫妻的獵人，作何感想？這樣害死兩隻恩愛的雁，他又得到什麼了呢？當然有所得，得到的是自己所造的殺業啊！

牕前生趣有雙鶕

蔡京作宰相。大觀間，因賀雪賜宴于京第。庖者殺鶴子千餘，是夕，京夢群鶴遺以詩曰：「啄君一粒粟，為君羹內肉，所殺知幾多，下箸嫌不足，不惜充君庖，生死如轉轂，勸君慎勿食，禍福相倚伏。」京由是不復食。

陶朱新錄

／膍前生趣有雙鶉

這則「膍前生趣有雙鶉」的故事，取材自宋朝馬純所撰寫的《陶朱新錄》一書。故事發生在北宋大觀年間，當朝的宰相是蔡京。

有一年的冬季，下起了大雪。皇上見下雪了，心中歡喜，為慶賀瑞雪兆豐年，於是賜宴於蔡京的相府。蔡京因此在府中大宴群臣，席上飲酒作樂，賞雪吟詩，附庸風雅。

相府的廚下忙得不可開交，準備了山珍海味等膏粱厚味，單單鵪鶉就宰殺了一千多隻。群臣酒酣耳熱，大口大口地吃進酒肉，吃得酒足飯飽，才醉醺醺的各自回府。

那天晚上，蔡京睡覺時作了一個夢。夢中來了一群鵪鶉，那群鵪鶉竟通靈似的，像朋友一般送給他一首詩。詩的內容寫到：「啄君一粒粟，為君羹內肉，所殺知幾多，下箸嫌不足，不惜充君庖，生死如轉轂，勸君慎勿食，禍福相倚伏。」

蔡京醒來後，還清清楚楚地記得詩中的每一個字句，心中不由大驚。鵪鶉託夢給他，讓他感到慚愧，昨天那一席餐宴，確實是殺了很多鵪鶉。或許真是殺生太多，引發天怒了。

鵪鶉清楚明白地告訴他，跟他是有緣的，曾經在他相府裡被飼養過一段時間，現在被當成盤中飧，鵪鶉似乎很認命呢！但是人的口腹之欲是很難滿足的，不論殺多少鵪鶉都不夠人們吃。鶺鴒不在乎成為人們廚房內被烹煮的肉品，牠們心知肚明，知道生命很短暫，好像車輪在轉動一般的快速，很快就轉到別的道上去了。鶺鴒們勸蔡京要謹慎思考，不要再如此殺生了，生死一瞬間，是福是禍很難說，福禍相倚，是一體的兩面啊！

思考過鶺鴒傳給他的信息，蔡京從此不再吃鶺鴒肉。鶺鴒的提醒，讓人們思考六道輪迴，循環無端，今日你殺他，明日他殺你，冤冤相報何時能了？還是早日護生戒殺少造殺業才是！

像這幅護生畫所繪的那般，善待鶺鴒，讓這種美麗的鳥，在窗前的樹枝上咕噥咕噥地唱歌，也是一幅充滿生趣並能平添生活樂趣的美事呢！

翡翠雙棲

魏國長公主嘗衣貼繡鋪翠入禁中。太祖曰：當以此與我，自今勿為此飾。主笑曰：用翠羽幾何！上曰：但恐宮闈戚里相效，小民逐利，即傷生寖廣，寔汝之由。

五総志

魏國長公主嘗衣貼繡鋪翠
入禁中，太祖曰：「當以此與我，
自今勿為此飾。」主笑曰：「用翠
羽幾何？」上曰：「但恐宮闈戚里
相效，小民逐利，即傷生寖廣，
寔汝之由。」

五総志

／翡翠雙棲

「翡翠雙棲」這則護生畫，是取材自宋朝龔鼎臣所撰寫的《五総志》一書。故事內容說的是三國時代，魏國的長公主，生來富貴又是金枝玉葉，平日錦衣玉食不在話下，綾羅綢緞、胭脂花粉從來不缺。身為魏太祖的女兒，總是享盡榮華，尤其這位長公主，喜愛打扮，更是奢侈。

有一天，長公主穿著華麗的衣裳進宮來了。公主身上的衣服引起了大家的注意。公主身上穿的衣服真是特別啊！不但貼了精緻美麗的刺繡，還將翠鳥的羽毛一根根地縫在衣服上，鮮豔的翠綠色，看去真是華麗極了，讓公主添了許多光彩。

公主本來還洋洋得意的，為自己的穿著打扮感到驕傲。但是，沒想到太祖見到她精心製做的美麗衣飾，不但沒有加以讚揚，還說道：「快將你這身衣裳脫下來給我吧，從今以後再不要用翠鳥羽毛來裝飾衣服了。」公主聽太祖這麼說，笑了起來，回答道：「就這麼一件衣服，能用多少翠鳥羽毛呢！」言下之意是說太祖未免太小題大作了。太祖搖搖頭接著又說道：「一件衣服是用不了多少羽毛，但你貴為一國的公主，身分地位不同，你的穿著打扮會起帶頭的作用，怕的是人們見到你的裝飾好看，以後宮中以及皇親國戚和王公貴族們都群起效之，說不定連民間也會流行起來，這樣就需要大量翠鳥羽毛，獵人會想盡辦法去捕捉翠鳥，商人在市場上也會大量供應翠羽，以大發利市，那樣的話，要殺害多少翠鳥啊！這可都是由你所引起的呀！」

魏太祖，是三國時代的魏王曹操，他是東漢末年著名的軍事家、政治家和詩人。由魏太祖的這一席話中，不難看出他是一位仁者。能由公主的衣飾，而想到不該殺害無辜生靈，也不該以動物的生命來做無謂的裝飾，其仁愛之心，就是慈悲之心。

魏太祖的仁心，是一種「民胞物與」的思想。除了認為人類是我的同胞，也認為萬物是我的朋友，不該隨意殺害動物，應該對生命存著尊重和愛惜的心。

因為魏太祖的慈心愛物，免去了多少翠鳥性命的犧牲。太祖真是功德無量啊！

哺乳類

宣仁同听政日，御厨進羊乳房及羔兒肉，宣仁蹙然動容曰：「羊方羔而無乳，則餒矣。」又曰：「方羔而烹之，傷夭折也。」却而不食，有旨不得宰羊羔以為膳。

甲申雜記

宣仁同听政日，御厨進羊乳
房及羔兒肉，宣仁蹙然動容
曰：「羊方羔而無乳，則餒矣。」又
曰：「方羔而烹之，傷夭折也。」却
而不食，有旨不得宰羊羔以
為膳。

甲申雜記

／哺乳類

這則「哺乳類」的護生故事，取財自《甲申雜記》這部書。此書為北宋王鞏所撰，凡四十二條，甲申者，徽宗崇寧三年也。故所記上起仁宗，下訖崇寧，隨筆記載，不以時代為先後。

故事發生在宋哲宗宣仁皇后聽政時期，宣仁皇后有仁慈心腸且深闇生態環保觀念，對傳統儒家對待自然的態度能夠起而行，因而不殺正在哺乳的母羊，不殺正在襁褓中的小羊，這正是尊重自然生態，尊重生命的觀念，一國的領導者能帶頭如此作，以正風氣，稱得上是明君。

故事說的是宣仁皇后聽政的某一天，到了午膳時間，御廚進了一道很特別菜餚，庖官還特別向皇后介紹說，這道御膳裡頭的食材，料理的是母羊的乳房和小羔羊的肉，所以口感肥嫩鮮美。宣仁皇后聽了，看看眼前這盤特殊料理，皺起了眉頭，心想這也未免太殘忍了，於是動怒地說：「小羔羊還在吃母乳，就把母羊殺了，小羔羊沒乳吃，豈不是要餓死，長不大的嗎！」接著又說：「羊還這麼小，還在吃母乳呢，就將牠殺了烹煮來吃，牠還沒機會長大就夭折了，這是不應該的。」宣仁皇后心中既生氣又難過，將那盤「佳餚」推開，不願意吃。

她嘆了一口氣，然後下旨從今以後不得再宰殺小羊作為膳食的食材。

宣仁皇后的慈心和對自然生態的觀念，是中國儒道二家傳統對待自然的思想，作為主政者，一般都會循儒道之理去治理國家和對待自然環境。

殺死一隻小羊烹煮來吃，對一個身為皇后者，根本算不了什麼，或者根本不會去注意或在意的事。但是宣仁皇后注意到了，而且發了慈悲心，愛惜正在餵哺小羊的母羊以及正嗷嗷待哺的小羊。這樣一位仁慈愛物的皇后，一定也是愛民的。

殘忍饕餮

平望人王阿毛好食蛙。製一鐵鋮長二尺許每捕得一蛙則以鋮穿其頸鋮滿始荷之而歸以充饌焉。如是者數十年矣。一日至其親串家親串止之宿。是夜有遠處失火。阿毛登屋望之。其家臨河而居懼盜賊從水次攀援登屋故于簷端列鐵條數十皆銳其末如鋒刃然。阿毛失足而墜鐵條適貫其頸呼號甚慘救之者無法可施乃豎長梯于水中眾人緣梯而上始將阿毛解下而氣已絕矣。其死狀宛然如蛙也。

俞曲園筆記

平望人王阿毛，好食蛙，製一鐵鋮，長二尺許。每捕得一蛙，則以鋮穿其頸，鋮滿，始荷之而歸，以充饌焉。如是者數十年矣。一日，至其親串家，親串止之宿，是夜有遠處失火，阿毛登屋望之。其家臨河而居，懼盜賊從水次攀援登屋，故于簷端列鐵條數十，皆銳其末，如鋒刃然。阿毛失足而墜，鐵條適貫其頸，呼號甚慘，救之者無法可施，乃豎長梯于水中，眾人緣梯而上，始將阿毛解下，而氣已絕矣，其死狀宛然如蛙也。

俞曲園筆記

／殘忍饕餮

此幅護生圖，描繪的是殘忍的食蛙老饕，生前捕蛙、虐蛙、吃蛙，其死狀亦如所虐之蛙，冥冥中的因果報應，絲毫不爽。民間流行著一句話：「善有善報，惡有惡報，不是不報，時辰未到」是有道理的，且是不可忽視的因果教育。另外「欠命還命，欠債還錢」，這樣的因果關係在這則故事中也顯露無遺。

這則故事的內容也是慘不忍睹的，講述的是一位住在平望地方名叫阿毛的人，他一生都喜好吃蛙肉。每天都去捕捉青蛙來烹煮。為了串住捕捉到的青蛙，以方便他提回家來，他還特別研製了一種串蛙用的長鐵鋮。這鋮長二尺多，阿毛每次捕捉到青蛙，就用這支鋮穿過蛙的頸子，一隻一隻地穿好，整齊地排列著，待那根鐵鋮穿滿了，才滿意地荷著這把長鋮回家。進到廚房後，將這一長串的青蛙取下來，洗洗弄弄的，然後烹而煮之、食之。愛吃蛙肉的阿毛，又這樣捕蛙、吃蛙，數十年如一日，從來都吃不膩。

有一天，阿毛到親戚家串門子，天色晚了，親戚留他住一宿。那天晚上，大家都睡了，忽然遠處傳來呼喊聲，大家都驚醒了，紛紛跑出去看個究竟，原來是遠處有人家失火了。阿毛為了看清楚些，於是爬到屋頂上去。親戚家的屋子臨河而建，為了防盜賊從河面上攀爬進屋，所以在屋簷邊裝上了幾十根鐵條，每一根的末端都像刀鋒般的銳利無比。

阿毛上了屋頂，屋頂的瓦片不平，夜裡又看不清楚，他一個沒站穩，就失足墜落下來，剛好跌在那一排鐵條上。尖銳的鐵條，正巧貫穿他的頸子。阿毛痛苦呼號，聲音悽慘。

親戚嚇壞了，趕緊衝過去救他。但是，他的情況實在不妙，頸子被一長串鐵條牢牢刺著，親戚怎麼使力都無法將他拉出來，想了多種方法還是無法救他。最後取來一把長梯，立在河裡，才爬上去將阿毛解救下來。但是已經來不及了，好不容易將阿毛放下後，一看，他已氣絕而死。

阿毛的死狀真慘啊！跟被他捕捉到的活蛙，殘忍地，硬生生串在鐵針上一樣的死法，任誰看了都說這是因果報應啊！

慘劫

江浙平章巙巙家養二鴿。其雄斃于貍奴。家人以他雄配之，遂鬥而死。謝子蘭作義鴿詩弔之。

虞初新志

江浙平章巙，巙家養二鴿，其雄斃于貍奴。家人以他雄配之，遂鬥而死。謝子蘭作義鴿詩弔之。

虞初新志

／慘劫

江浙平章地方有一個名叫㜷的人，他飼養著兩隻鴿子，雌雄各一隻，剛好配成一對。一般人們飼養鴿子，並不將牠們關在鳥籠裡，而是給鴿子造一個箱籠，開個口，讓牠們隨意進出；待天黑後，鴿子飛進箱籠，安睡了後，養鴿人家才來關上籠門。一早起來，養鴿人家又會打開箱籠的門放飛鴿子。鴿子會將此箱籠當成家住下來，不像其他鳥那樣會飛走。牠們飛出去，總是在家屋四周翺翔，不會飛得太遠，而且只要聽到主人的呼叫，會立刻返回，是一種馴養的鳥類。

這對鴿子夫妻相當恩愛，平時都同進同出，形影不離。晚間飛進鴿子籠裡，還聽見他們夫妻倆咕噥咕噥地竊竊私語著，彷彿有說不完的話。

但是，天有不測風雲，鴿子愛的世界起了波瀾。因為有一天，雄鴿子太大意了，飛得太低，被貓給盯上了，趁鴿子不備，貓輕巧地一躍而起，將鴿子給叼住，隨即將鴿子吃了。

失去丈夫的雌鴿，那痛苦就不用說了，天天都悲傷地咕咕叫著。只剩雌鴿形隻影單，孤獨寂寞地生活著。㜷的家人見此情景，心中相當不忍，於是好心地去買來一隻雄鴿，跟雌鴿養在一起，希望把牠們配成對，彼此作個伴。㜷的家人此舉是為了雌鴿著想，但是，沒想到雌鴿子不肯，牠排斥新來的雄鴿，一直要將雄鴿趕出去，不斷地用嘴喙去啄雄鴿。這隻雄鴿不好欺負，也不甘示弱地回擊，於是兩隻鴿子就對啄起來。打鬥的結果，雌鴿不是雄鴿的對手，被雄鴿啄得傷痕累累，最後傷重而亡。

對雌鴿來說，這是一場生死對決。不將雄鴿趕走，牠寧願死也不與牠配對。結果真是以死了結，成了一件為愛殉情的慘劇。

這事傳聞了開來，大夥都在談論著。後來被一位叫謝子蘭的人知道了，感動之餘，特別作了一首〈義鴿詩〉，以茲弔唁這隻雌鴿。

雌鴿為丈夫守節，甚至犧牲性命，真叫人感佩。謝子蘭的〈義鴿詩〉等於是頒給了雌鴿一座「貞節牌坊」。雌鴿有情有義，矢志從一而終，這種烈性和人類沒有兩樣，甚至勝過許多人。所以人們看待動物，真的要有尊重生命和尊敬動物靈性之心呢！

草菅生命

夏氏子見梁間雙燕，戲彈之。其雄死。雌者悲鳴踰時，自投于河亦死。時人作烈燕歌。

虞初新志

夏氏子見梁間雙燕，
戲彈之。其雄死。雌者
悲鳴踰時，自投于河
亦死，時人作烈燕歌。

虞初新志

／草菅生命

「草菅生命」這則漫畫讀來令人痛心。

菅，是一種草，又名白華，莖高二三尺，葉細長而尖，根可作刷帚。通蘭字，即蘭草。亦有饑荒和輕視之意。總之，這個菅字，除了姓氏和植物是好的，用在動詞，似乎不是甚麼好詞兒，如人們常聽說的草菅人命。

這則「草菅生命」的漫畫，因為被害者不是人類，而是鳥，所以子愷先生用「生」字來替代「人」字。

乍看，「生」字和「人」字是不同的，其實細究是相同的，動物和人都是生命，都是值得尊重的。如果年幼時因不懂事而作出一些傷害生命的事，如無緣無故，只因為好玩，而殺害小動物，大人見了沒有加以教育和糾正，讓孩子以為這沒什麼了不得，不過就是一隻鳥、一隻蝴蝶和蜻蜓嘛！如此養成了習慣，漸漸失去慈悲和善良的心，長大後殺人放火也會變成理所當然了。

這則故事中講述的是一位夏姓人家的小孩，有一天看見屋簷的橫梁上有一個燕窩，窩內有一對燕子，一時心血來潮，覺得好玩，於是拿來彈弓，隨意往燕窩方向射去。或許孩子並無殺害燕子的心，但是魯莽行事，欠缺考慮，沒想到這一彈射去的結果，可能會害燕子喪命。結果，真的，不幸發生了，這是燕子的悲哀，忽然天降橫禍，這一彈射來，竟然射中燕窩裡的那隻雄燕。

雄燕應聲從鳥窩裡墜下地來，翻了兩下白眼，死了。太意外了！雌燕還沒反應過來，還沒思量到底發生了什麼事？自己心愛的丈夫就一命嗚呼了！而且死在一個孩子彈射玩耍的遊戲之下。

不知道那位闖了禍的孩子是否後悔？是否覺得抱歉？或是毫不在乎！因為他年紀小，不知道生命的可貴，所以才會輕易的殺死一隻鳥！

不管那孩子是什麼心情，總之，一隻雄燕死了，留下悲傷欲絕的雌燕，日夜悲啼著，不知哭了多久，愈哭愈傷心，愈哭愈絕望，後來不忍獨活，也無法獨活，終於投河自盡了。

燕子投河自盡，這不是跟人類女子在傷心絕望時投河自盡是一個道理嗎！所以燕子和人的感情多麼接近啊！簡直不可分了，這是同為有情識，知愛別離痛苦眾生相同的秉性啊！

死了一隻雄燕，又有一隻雌燕殉情而死，這在人世間能起多少波瀾呢？或許根本沒人注意。但是，還真是有人注意到了，因此為雌燕作了一首〈烈燕歌〉。有了這首〈烈燕歌〉，也補償不了雄燕的枉死和雌燕的悲傷啊！

弘一大師說過：「教育孩子宜在幼時」，確實是的，孩子是一張白紙，及時給予糾正，就能教養一個有慈悲心的善良孩子。這樣一幅護生畫，可以給無數家長當生命教育最好的教材呢！

血肉團中有性靈

聲与無聲莫浪聽
無聲隱痛轉惺惺
請君下箸睜睛看
血肉團中有性靈
宋守一

聲与無聲莫浪聽，
無聲隱痛轉惺惺，
請君下箸睜睛看，
血肉團中有性靈。
宋守一

／血肉團中有性靈

這幅護生畫中的主人翁，正吃著山珍海味，滿桌的佳餚，正在滿足他喉下三寸之處。但是，細心的讀者，或許能體會子愷先生繪作此圖的心情。只要從畫中男主角那痛苦的表情，就能感覺出來。男子在享受美食的當兒，似乎聽到了什麼？想到了什麼？否則為何會皺起眉頭，彷彿食不下嚥呢！到底他聽到了什麼？想到了什麼？這正是這幅畫中子愷先生想要告訴讀者諸君的。

看畫中男子若有所思的樣子，心裡正在掙扎著，因為他原本大口吃著肉，大碗喝著酒，卻嘎然停頓了下來，原來他的靈性忽然感應到，也忽然聽見餐桌上被宰殺烹煮的血肉生靈痛苦地哭喊聲。

這痛苦地哭喊聲，讓他領悟到，同樣是血肉之軀的人類，在受到傷害或有性命之憂的緊要關頭時，會多麼地驚慌失措！會多麼害怕地痛苦哀嚎！一定聽得人膽顫心驚，同情萬分！同為血肉之軀的動物也是一樣的，牠們被宰殺時，其驚慌痛苦和肝膽俱裂與人類毫無差別。只是有些動物不會以哭喊來表達，但是牠們無聲的痛苦和無法發洩的情緒，會讓痛苦更加深刻呢！

無聲的，隱忍而不能發出、不能表達及發洩的痛，如果有過經驗的人，就能體會那才是真正的痛！才是真正痛徹心扉的。

被人類宰殺的動物，牠們其實都是經歷著那種隱痛的。那男子想到此，舉起的筷子，遲疑的難以下箸。他思想著，也睜著眼睛看著，餐桌上的每一盤佳餚，不論是雞、鴨、牛、羊、魚肉，原來都是有血有肉有情識活生生的動物，那都是生命啊！每一個生命體內，除了血肉，還有思想和情緒，跟人類是完全一樣的呀！

但是，人們卻把牠們殺了當成食物來吃！所以這男子每吃一口，彷彿都感應到死去動物生前痛苦掙扎和無聲地哀號。也彷彿看到那一團團的血肉中，跟人類一樣的性靈；更體會到牠們跟人類一樣怕受宰割烹煮的痛，也跟人類一樣貪生怕死啊！

難怪那男子會皺著眉頭，食不下嚥呢！

葬母

淮安城中民家，有母犬，烹而食之。其三子犬各銜母骨，抱土埋之。伏地悲鳴不絕。里人見而異之。共傳為孝犬。

虞初新志

淮安城中民家，有母犬，
烹而食之。其三子犬各
銜母骨，抱土埋之。伏地
悲鳴不絕。里人見而異
之。共傳為孝犬。

虞初新志

／葬母

「葬母」，在人類社會中，是件哀傷的事。高堂父母天年，人子必厚葬之。其喪禮，自古以來都有約定俗成的禮數。古時候的官員，遇父母去世，必須丁憂在家守喪，暫時不能出仕。可見父母在，為人子女要盡孝，父母亡為人子女的悲傷也要合乎禮節。

此幅「葬母」的護生畫，講述的不是人類社會發生的事，而是三隻小狗喪母、葬母的故事，同為葬母，同樣哀傷，卻是多麼的不同啊！

不幸喪母的三隻小狗，是生長在淮安城中一戶民家。這戶人家原來養了一隻母犬，母犬懷孕生下了三隻小犬。這狗媽媽撫養著三個小寶貝，狗家庭中共四口子，一起過了一段幸福甜美的生活。狗媽媽照顧著小寶寶，希望看著孩子一天天長大成犬，跟人類的父母對孩子的期望是一樣的，都希望孩子平安快樂。

但是萬萬沒想到，狗媽媽的期望落空了，不是孩子沒長大，而是牠無緣看到孩子長大，因為，有一天，主人忽然將牠捉住，沒告訴牠任何原因，就將牠悶死，並把牠給宰殺烹煮，吃進肚子裡去了。牠甚至來不及向孩子們告別就一命嗚呼！

逝者已矣！但是狗媽媽臨死前的哀嚎，卻一聲聲傳進了三隻狗寶寶耳中。狗寶寶聲聲應和著，但是牠們無能為力，沒辦法改變母親悲慘的命運，只能暗自飲泣。

主人一家吃著香肉，談論著香肉如何烹煮才能去腥，加什麼佐料才能好吃入味等等，聽在三隻小狗耳中，更加深了哀痛！

香肉吃完了，餐桌上杯盤狼藉。主人家收拾好餐桌，將狗骨頭隨手扔進了垃圾桶。

三隻小狗見狀，即刻跑過來，將垃圾桶撞翻，母親的骨頭灑了一地。牠們含悲忍淚地將母親的骨頭一一撿起，用嘴一根根叼起，啣到院子外的泥地上，挖了一個坑，將骨頭給埋了。

太不可思議了！這三隻小狗比人類的小孩還要懂事呢！對這麼聰明的小狗，在牠們眼前將母親給殺了、吃了，是多麼殘忍的事啊！

小狗埋葬了慈母後，匍匐在地上不斷地哀痛哭泣著，哭了好久都不肯停。小狗的喪母之痛，不輸給人類呢！人類有時會為了種種事，如爭家產啦，兄弟鬩牆啦……認為父母不公，對父母打從心裡不滿著，所以在葬母時的哭聲，是裝出來的。而這三隻小狗的哭，可是真心地痛哭啊！

三隻小狗葬母的事，傳揚了開來，這戶人家所在的整個里的人，都跑來看這三隻埋葬母親的小狗。這事成為該里的異談，而這三隻小狗也被人們稱為孝犬。

三隻小狗葬母的儀式，比不過人類，但是牠們的心，是真誠而感人的，值得人們尊敬。

災殃

高郵有鸛双栖于南樓之上。或弋其雄，雌獨孤栖。有鸛一班，偕一雄与其巢，若媒誘之者。然竟日弗偶。遂偕飛去。孤者哀鳴不已。忽鑽嘴入巢隙，懸足而死。時遊者群客見之，無不嗟訝，稱為烈鸛而競為詩歌弔之。復有烈鸛碑。

虞初新志

高郵有鸛，雙栖于南樓之上。或弋其雄，雌獨孤栖。有鸛一班，偕一雄與其巢，若媒誘之者，然竟日弗偶，遂偕飛去。孤者哀鳴不已。忽鑽嘴入巢隙，懸足而死。時遊者群客見之，無不嗟訝，稱為烈鸛，而競為詩歌弔之，復有烈鸛碑。

虞初新志

／災殃

高郵這地方，是個有名的風景勝地，經常有遊客來此玩賞。此景區內有一棟樓叫南樓。南樓的屋頂上，有一對鸛鳥來築巢，鸛鳥夫妻以此為家。

居高處原該是安全的，但是，竟然有獵人來此獵鳥，將雄鸛鳥射死了。這飛來橫禍，拆散了這對恩愛的鸛鳥夫妻，只剩雌鸛鳥孤獨地留在牠們共築的愛巢裡，寂寞地過著日子。

悲傷的雌鸛鳥，想過平靜的日子卻不可得，因為沒多久，有一群鸛鳥從別處飛來，帶來一隻雄鸛鳥，讓那隻雄鸛鳥留在失去丈夫的雌鸛鳥窩巢內。那群鸛鳥可能是同情雌鸛鳥孤單無伴，想要當媒人為牠介紹新的配偶。

但是失去丈夫的哀傷，以及懷念丈夫的情思，讓雌鸛鳥不願意接受新的伴侶，因此不理睬那一群鸛鳥朋友，也不肯要那隻雄鸛鳥，不斷地要將牠趕走。鸛鳥們作媒不成，雖然很同情牠失去伴侶，但卻幫不上什麼忙，於是無可奈何地紛紛飛走了。

鸛鳥朋友們走了，失去丈夫的雌鸛鳥更是悲從中來，感到自己的孤單悽苦而暗自飲泣。愈想愈傷心，不由得哀鳴不停，在南樓附近遊賞的人聽到這悽慘的鳴叫聲，都為牠感到傷悲。哭了許久，雌鸛鳥已下定決心，不想獨自活著，要追隨丈夫而去，於是，忽然將自己的嘴喙，鑽進與丈夫共築的愛巢的縫隙中，兩隻腳垂懸於空中，自殺而亡。

下方的一群遊客，聽到鸛鳥的哀鳴，不斷地抬頭往樓頂看，見雌鸛懸足而死，大感意外，個個感慨嘆息！

試想想，在現場見此情此景的人，心裡有多難受啊！雌鸛對愛情的執著和堅貞，連人類都弗如！

南樓上的雙鸛都死了，多令人傷感啊！雌鸛鳥的烈性子，讓人感佩，人們稱牠為烈鸛。人們紛紛為此烈鳥賦詩讚揚和憑弔，甚至還為雌鸛立了「烈鸛碑」以茲紀念。

賞景的人不能再欣賞到鸛鳥那展翅飛翔的美好姿態，是一大損失；而更令人悲哀的是，雌鸛鳥被稱為烈鸛，即使是讚揚，又有什麼意義呢！獵人能手下留情不射死雄鸛鳥，讓鸛鳥夫妻白頭偕老，才是人間美事！

雙宿雙飛

華亭董氏，庭前有虬松一株，枝幹扶疏，亭亭如蓋，有双鸛結巢其顛，後雄被彈死，其雌孑然獨處，日夕哀鳴，越數日，亦死。

虞初新志

／雙宿雙飛

這幅「雙宿雙飛」圖，敘述一個令人聞之鼻酸的故事。

故事的主角，是一對恩愛的鸛雀夫婦，牠們居住在華亭地方一戶董氏人家屋前庭園的松樹上。

這株松樹，松葉捲曲盤繞，枝幹繁茂，聳立在亭前，如同傘蓋一般。如此一株蒼勁老松，吸引了一對鸛鳥夫婦來築巢。牠們辛勤地啣來草莖、樹葉、蘚苔和羽毛，一起建築愛巢，安居於此。

窩巢築好了。高居樹頂的鸛雀夫婦的家，多麼美好和溫暖啊！牠們過著夫唱婦隨的日子，夫妻鶼鰈情深，如同人類男女相戀後成為佳偶，結為夫妻，希望能白首偕老，過著幸福快樂的日子。

這一雙長著長嘴和長頸，羽色潔白，形似白鶴的美麗鸛雀，原來是一種水鳥，牠們喜歡親近人類，常在人類住屋的殿閣間或樓頂為家，將巢築在雕塑精美的神獸鴟尾上，或在屋頂結巢而居。古時候人們稱這種鸛雀為「瓦亭仙」。多麼美好的稱謂啊！把這種水鳥當成神仙一樣的讚譽著呢！

原本美好的家園，原以為安全的家，卻飛來了橫禍。讓這一對鸛雀神仙夫妻，遭遇了不測。雄鸛，不幸被頑童用彈弓射死，留下雌鸛孤獨地日夜哀鳴，過了幾天，雌鸛亦哀傷而斷魂。

多麼令人傷痛的愛情故事。一個不懂事的頑童，或一位不懂珍愛生命的成人，用一顆玩樂的心，外加一張彈弓，一粒金彈，隨意地就傷了兩條物命。

人們可能是無心的，沒思量後果會這麼嚴重。相較於鸛鳥夫妻的恩愛情深，甚至情深義重到無法獨活於世，人類這種無心，就更顯得無知和殘忍了。

一粒金丸，拆散了一對佳偶，這是壞人姻緣也是壞人因果的惡事，更是造成自身殺業的行為。若因一時貪玩，這是得不償失啊！若是有心，如此殘忍惡心，罪加一等啊！

家屋旁，大樹上，美麗的飛禽來築巢，歡迎都來不及，為何有人要用彈弓相向，置牠們於死地呢？

酷刑

山西首城外有晉祠地方，有酒館，所烹驢肉最香美，遠近聞名，群呼曰鱸香館，蓋借鱸為驢也。其法以草驢一頭，養得極肥，先醉以酒，滿身排打。欲割其肉，先釘四樁，將足捆住，而以木一根橫于背，繫其頭尾，使不得動。初以百滚湯沃其身，將毛刮盡，再以快刀零割。要食前後腿，或肚當，或背脊，或頭尾肉，各隨客便，當客下箸時，其驢尚未死絕也。至乾隆辛丑年，長白巴公延三為山西方伯，將為首者論斬，其餘俱邊遠充軍，勒石永禁。

梅溪叢話

山西省城外有晉祠地方，有酒館，所烹驢肉最香美，遠近聞名，群呼曰鱸香館，蓋借鱸為驢也。其法以草驢一頭，養得極肥，先醉以酒，滿身排打。欲割其肉，先釘四樁，將足捆住，而以木一根橫于背，繫其頭尾，使不得動。初以百滾湯沃其身，將毛刮盡，再以快刀零割。要食前後腿，或肚當，或背脊，或頭尾肉，各隨客便，當客下箸時，其驢尚未死絕也。至乾隆辛丑年，長白巴公延三為山西方伯，將為首者論斬，其餘俱邊遠充軍，勒石永禁。

梅溪叢話

／酷刑

這幅「酷刑」的護生畫，看了真讓人傷心難過！

人們要吃驢肉補養身體，增加能量，將驢兒拖進屠場宰殺了事，快速地處死，能減少驢兒的痛苦，算是慈悲。但此圖將臨死的驢，以滾湯澆淋，然後讓食客割肉凌遲，是一種怎樣的極刑！令人全身起雞皮疙瘩！試著將心比心，如果那頭驢就是我們，會怎樣？

這則取材自《梅溪叢話》的故事，寫盡人類妄尊自大，自以為高人一等，欺凌眾生的殘忍。這種視生命於無物的人，心中缺少慈悲。

此故事發生在山西，省城外有一處叫晉祠的地方，有一間酒館。這酒館烹調的驢肉料理既香又美，當地人愛吃，一傳十，十傳百，因此而遠近聞名。因為名聲響亮了，被稱為鱸香館。此鱸非彼驢，一個是水中游的，一個是路上跑的，所以只是借鱸之名而已。

此鱸香館在做此道驢肉料理時，其方式是先牽來一頭草驢，這頭草驢養得肥滋滋的。店家先將草驢灌醉，讓驢全身血液循環加快，然後將驢全身拍打，讓驢的肌肉鬆軟。這整個過程都是為了接下去要生割驢肉所做的準備。

接下來，店家在地上打下四根木樁，把驢牽過來，將驢的四隻腳綁在木樁上，這下驢可跑不掉，只能任人宰割了。店家再拿來一根長木頭，架在草驢背上，在驢的頸子和尾巴上加以捆綁固定，這下草驢更加動彈不得了。這種被凌虐的經驗，如果加諸於人身上，那種恐懼，指數可能要破表！

更殘忍的來了！店家將滾燙的水，澆淋在草驢身上，然後用刀將驢身上的毛刮掉。那真是不敢想像有多痛！驢應會狂奔跳腳，極力嘶吼，哀號聲聽來驚心動魄。但驢卻因全身被綁，連嘶吼都無力無聲了！連個發洩情緒的管道都沒，真可憐！

店家將這一切準備好了，就待客人上門，再用利刃割切驢肉，有人要吃前腿肉，有人愛吃後腿肉，有人吃肚當，有人吃背脊，或有人吃頭吃尾，各隨客人喜好，店家將肉割下，用盤子端上桌（不知是生吃還是下鍋煮熟）。客人大啖驢肉時，那被五花大綁的草驢還沒死透，還在苟延殘喘地掙扎著！

這種吃法，真有人能嚥得下？還真有！否則這「鱸香館」就不會遠近馳名了！人，有夠狠啊！

這種對待驢的酷刑，直到乾隆辛丑年，長白山的巴延三親王被委派到山西擔任巡撫，聞此殘暴陋習，將為首的店家論斬，其餘人等都發配邊疆充軍。並將此殘忍事件刻記在石碑上，永久禁止這種屠殺驢子的方法。

間不容髮

瑪納斯有遺犯之婦入山採樵為哈瑪沁所執哈瑪沁者額魯特之流民出沒深山中遇禽食禽遇獸食獸遇人即食人婦為所得已褫衣縛樹上熾火于旁甫割左股一臠忽聞火器一震人語喧闐馬蹄聲殷動林谷以為官軍掩至棄而遁蓋營卒牧馬偶以鳥槍擊雉子誤中馬尾一馬跳躑群馬皆驚相隨逸入萬山中共譟而追之也使少遲須臾則此婦血肉狼籍矣豈非或若使之哉婦自此遂持長齋嘗謂人曰天下之痛苦無過于臠割者天下之恐怖無過于束縛以待臠割者吾每見屠宰輒憶自受楚毒時思彼眾生其痛苦恐怖亦必如我故不能下咽耳此言亦可告世之饕餮者也

閱微草堂筆記

瑪納斯有遺犯之婦，入山採樵，為哈瑪沁所執。哈瑪沁者，額魯特之流民，出沒深山中，遇禽食禽，遇獸食獸，遇人即食人。婦為所得，已褫衣縛樹上，熾火于旁，甫割左股一臠，忽聞火器一震，人語喧闐，馬蹄聲殷動林谷，以為官軍掩至，棄而遁。蓋營卒牧馬，偶以鳥槍擊雉子，誤中馬尾，一馬跳躑，群馬皆驚，相隨逸入萬山中，共譟而追之也。使少遲須臾，則此婦血肉狼籍矣。豈非或若使之哉！婦自此遂持長齋。嘗謂人曰：「天下之痛苦，無過于臠割者。天下之恐怖，無過于束縛以待臠割者。吾每見屠宰，輒憶自受楚毒時。思彼眾生，其痛苦恐怖，亦必如我，故不能下咽耳。」此言亦可告世之饕餮者也。

閱微草堂筆記

／間不容髮

讀過前篇「酷刑」，再來讀這篇「間不容髮」就能完全了解這幅護生畫圖文中那位死裡逃生女子的心情了。

新疆瑪納斯縣這地方，現在是個回族自治區，但在古時候，可算是一處偏遠的邊疆，是朝廷放逐朝中犯罪臣子的地方。

很久以前，有一個官員的妻子，隨著丈夫被放逐到瑪納斯，在此地居住下來。有一天她出門到山裡去打柴，在荒山野外撿拾薪柴，既辛苦又危險。卻很不幸被哈瑪沁人捉住了。哈瑪沁人是額魯特部落的流民，他們在山中出沒，四處尋找食物，捕到飛禽就吃飛禽，獵到野獸就吃野獸，捉到人就吃人。

這位不幸被捉的婦人，難逃一死了。她被綁在樹上，身上的衣服已被剝除，旁邊燃起一個火堆，哈瑪沁人準備大快朵頤了。他們從婦人左腿割下一塊肉，正要拿到火上去烤時，忽然聽到林子裡一聲槍響，接著是喧騰的人語聲和得得的馬蹄聲，在樹林和山谷間迴盪著。哈瑪沁人以為是官兵要來捉拿他們，在慌亂中放下到口的食物逃走了。

哇！婦人命大，在千鈞一髮間得救了。原來是附近軍營的士兵正要放馬出來吃草，見到有野雞，士兵放槍打雞，但沒瞄準，誤中了一匹馬的尾巴，那匹馬受到驚嚇又蹦又跳的，還奔跑起來，馬群也嚇到了，跟著狂奔而進入山中，士兵們一邊追趕著馬一邊大聲喊叫著，沒想到即將被吃的婦人因此而得救了。如果士兵和馬晚點到，這位婦人就會血肉模糊，猶如餐桌上狼藉的肉品了。

婦人撿回一條命後，從此吃起長齋。她後來曾經對人說：「天底下讓人感到最痛苦的事，莫過於被人從身上將肉一塊塊割下來。天底下最恐怖的事，莫過於被人捆綁著，等著被人從身上割取肉塊。我自從遭遇那次大難後，每次見到屠宰動物的場面，就會想起自己遇難當時的痛苦和驚嚇。也會想到，那些待宰的動物，牠們也是眾生，是有情識的，牠們的痛苦和驚恐一定跟我一樣，我再也嚥不下一口肉了。」

婦人的真情至性，婦人的真情言語，是在對世上許多為了一時口腹之欲而不擇食的饕餮者說的啊！

不忮之誠　信於異類

吾昔少時所居書室，前有竹柏，雜花叢生滿庭，眾鳥巢其上。武陽君惡殺生，兒童婢僕皆不得捕取鳥鵲，數年間皆集巢于低枝，其鷇可俯而窺也。又有桐，花鳳四五，日翔集其間。此鳥難見，而能馴擾，殊不畏人。閭里聞之，以為異事，此無他，不忮之誠，信于異類也。

吾昔少時所居書室，前有竹柏，雜花叢生滿庭，眾鳥巢其上。武陽君惡殺生，兒童婢僕皆不得捕取鳥鵲，數年間皆集巢于低枝，其鷇可俯而窺也。又有桐，花鳳四五，日翔集其間。此鳥難見，而能馴擾，殊不畏人。閭里聞之，以為異事，此無他，不忮之誠，信于異類也。

呂祖謙臥游錄

／不忮之誠　信於異類

「不忮之誠，信於異類」是蘇東坡所寫的〈記先夫人不殘鳥雀〉文章的句子，被收錄在南宋「東南三賢」之一，譽稱東萊先生的呂祖謙之筆記小說《臥游錄》中。讀這篇文章，心中生起無限歡喜，蘇東坡的慈心感物，在文中表露無遺。

「不忮之誠，信於異類」的意思是說，人心若是真誠、無所求的，不僅人們可以感受到，甚至連其他類的眾生都能感受到而加以信任，其真意是謂人與自然達到和諧共存之境界。

人，能夠心中無所求而付出關心和愛心，這種慈心，可以從此人的臉容、表情和肢體動作中自然的表現，讓人完全信任。這是一種多麼美好的境界啊！

蘇東坡在文章中寫道，他少年時代所居住的書房前有個庭院，院中種有竹子、柏樹、桃樹和一些雜花，花木自然生長叢生滿庭，許多鳥雀都來樹上築巢，以此為家。

蘇東坡的母親武陽君生性慈悲，最厭惡人殘殺生物，她不准小孩和奴婢等去捕捉鳥雀。家人都能領會武陽君的慈心愛物，對鳥雀都愛惜有加。經過幾年時間，鳥雀們都知道蘇家的庭院是最安全的地方，牠們安心地築巢，養育下一代。鳥雀們的窩巢，都築在低低的樹枝上，小孩站在一旁就能看見窩中的小鳥，可見鳥雀們對這一家人的信任和放心。蘇家庭院中還可見到一種叫花鳳的五色靈禽，有四、五隻，每當暮春，桐花盛開時節，花鳳鳥便飛來庭院中，棲在梧桐樹上，吸取花朵上的朝露。這種珍貴又美麗的鳥在院中飛翔，真是難得一見呢。

如此珍禽，都能被蘇家人的祥和之氣和慈悲愛心所感動而來儀。這種珍禽性情馴良，一點都不怕人。蘇家的鄰居們見此景像，都以為異事呢。

此文末句：「此無他，不忮之誠，信於異類也。」的確呢，無所求的真誠心，無所求的慈悲心，有靈性的生物都能感知，都能生出信賴之心！

穿花蛺蝶深深見
點水蜻蜓款款飛

無故則不殺；非時則不殺；禽獸胎卵則不殺；鱗介細小則不殺；蟲蟻無害則不殺。可生者使之生；當殺者不妄殺。張佑詩云：剔開紅燄救飛蛾。仁人之言藹如，信然。

松濤館筆記

無故則不殺，非時則不殺，禽
獸胎卵則不殺，鱗介細小則
不殺，蟲蟻無害則不殺。可生
者使之生，當殺者不妄殺。張
佑詩云：「剔開紅燄救飛蛾。」
仁人之言藹如，信然。

松濤館筆記

／穿花蛺蝶深深見　點水蜻蜓款款飛

這則取材自《松濤館筆記》一書中的一段文字，呈現的是儒家的生態倫理觀和對待自然的態度。

「無故則不殺」，是一種慈悲。無緣無故殺生，是殘忍的行為，殺生久了，成為習慣，天地不容。

「禽獸胎卵則不殺，鱗介細小則不殺。」也是一種慈悲。

這種「時禁」的觀念，有長遠的歷史，早已成為「聖人之訓」。「時禁」是聖王之制。《荀子》中提到，「草木榮華滋碩之時，則斧斤不入山林，不夭其生，不絕其長也；黿鼉魚鱉鰍鱔孕別之時，罔罟毒药不入澤，不夭其生，不絕其長也；春耕、夏耘、秋收、冬藏，四者不失時，故五穀不絕，而百姓有餘食也；汙池淵沼川澤，謹其時禁，故魚鱉優多，而百姓有餘用也；斬伐養長不失其時，故山林不童，而百姓有餘材也。」這種時禁，是一種民胞物與，是一種生態觀念，不趕盡殺絕，大自然才能生生不息。這雖是以人為本而去愛惜動植物，最終是讓動植物來供養人類。但愛惜自然，尊重生命，草木零落然後入山林，昆蟲未蟄，不以火田、不麑、不卵、不殺胎、不夭、不覆巢，都是儒家的生命教育課程。

這種「順應天常」的概念，是儒家生態倫理思想的根本，人類開發自然，希望自然為我所用，也希望自然長長久久生生不息，否則能用幾時？很快用罄，自然完了，人也完了。所以必須「與天地合其道，與日月合其明，與四時合其序，與鬼神合其吉凶。」因此順應自然，是儒家的道德要求。

「蟲蟻無害則不殺」，這觀念要從孩童時養成，父母師長要教導孩子，不能見到蟲蟻就殺，而是教孩子如何防止蟲蟻進入屋內。蟲蟻在戶外，那是牠們的生活空間，並不影響生活，對人無害就不能隨意殺生。

「可生者使之生，當殺者不妄殺。」這也是身為人類，比其他動物智慧高，能有所抉擇，能實踐的慈悲心行。經常一隻小動物或小昆蟲在眼前，有人會不假思索地就將其殺死，若能稍微用心，並改正這種習以為常的習慣，不妄殺，就是慈悲。

唐朝詩人張祜在其《贈內人》詩中所言：「剔開紅燄救飛蛾。」這不但是不妄殺，也是無害則不殺，以及可生者使其生的境界。此仁人之言，多美好，多讓人信服啊！

如果人人都有生態保育的觀念，那麼此護生畫的畫題「穿花蛺蝶深深見，點水蜻蜓款款飛。」的境界，就隨處可見了。

和氣致祥

刳胎焚夭，則麒麟不至；乾澤而漁，則蛟龍不游；覆巢毀卵，則鳳凰不翔。丘聞之，君子重傷其類者也。

說苑

刳胎焚夭，則麒麟不至；
乾澤而漁，則蛟龍不游；
覆巢毀卵，則鳳凰不翔。
丘聞之，君子重傷其類
者也。

說苑

／和氣致祥

讀這則「和氣致祥」的護生畫，畫中有鳳凰，有麒麟，有蛟龍，這三種長久以來在中華文化中象徵富貴、吉祥、平安、靈氣的神獸齊聚一堂，真是殊勝啊！

如此畫面，讓人想盡快一睹護生文的內容，看看到底是什麼因緣，讓這三種高貴祥和的靈獸同時現身。

原來，這幅圖是取材自漢高祖之弟楚元王劉交的第四代孫劉向所著的《說苑》〈權謀〉篇中的一段話：「刳胎焚夭，則麒麟不至；干澤而漁，蛟龍不游；覆巢毀卵，則鳳凰不翔。丘聞之，君子重傷其類者也。」

這話是孔子所說，最能代表儒家生態倫理思想。儒家指責剖挖母胎，殘害幼體的行為，認為這不但兇殘不義，而且是殺雞取卵，得不償失之事。

有一則歷史故事中，雍季對晉文公說：「焚林而田，得獸雖多，而明年無復也；乾澤而漁，得魚雖多，而明年無復也。」這都說明了儒家對自然的態度。

儒家深刻體會萬物之間息息相關的自然法則，也完全洞悉人與自然之間那種內在且不可分割的聯繫。萬物之間，人與自然之間，有其相依相存的秩序和規律。孔子在《論語》〈陽貨〉篇中說到：「天何言哉？四時行焉，百物生焉。」簡單幾句，即勾勒出萬物生生不息以及自然四季更迭的規則。

荀子在《天論》中亦說過：「天有行常，不為堯存，不為桀亡。應之以治則吉，應之以亂則兇。」從此話中，可見老祖先不但對大自然的運行知之甚明，而且明白指出「治則吉」、「亂則兇」，老祖先們是很有智慧的。只是現代人離聖人日遠，又被功利主義和消費主義荼毒甚久，早已忘了「古訓」。

儒家思想，主要是尊重自然，不違農時；愛惜自然，令其生息不絕，然後才能談合理的利用自然。荀子主張「山林澤梁，以時禁發」，依此原則「謹其時禁」，才能在體恤和善待自然的理念下，合理的利用自然資源。

「和氣致祥」這幅畫所要表現的正是儒家對待自然的態度，即「取之有度，用之有節」，現代人對自然予取予求，過度開發，索取無度，不讓自然休養生息，地球環境都被破壞了，人類深受其害，那是自作自受。

當然，在此生態遭到浩劫的時代，此幅護生畫中的麒麟、鳳凰和蛟龍等神獸，避之唯恐不及，更不可能現身了。所以只能在子愷先生的護生畫中好好欣賞靈獸的身影了！

留得殘枝葉自生

十日書齋九日扃
春晴何處不閒行
瓶花落盡無人管
留得殘枝葉自生

徐猷可

十日書齋九日扃，
春晴何處不閒行，
瓶花落盡無人管，
留得殘枝葉自生。
徐獻可詩

／留得殘枝葉自生

「留得殘枝葉自生」，光讀這畫題，就讓人心中生起歡喜；再細品此幅畫，見到在人為環境中，幾枝插在瓷瓶中已然花朵零落，只剩殘枝的花莖，竟然能夠自力更生，再長新葉，怎不令人歡喜！

生命是既強悍又脆弱的，不論動物或植物都一樣。強悍的獅子和老虎，可以統領山林，成為獸王，受到所有動物的敬畏，但是卻不敵人類的一枝箭或一顆子彈。地震中，一位平日弱不禁風的女子，為了救孩子，可以在瓦礫堆中，掀起一片倒榻厚重的牆。

獅子、老虎和人的遭遇，都是在考驗生命的能耐，而這種能耐是發自內心對生存和對心理滿足的需求，其前提是在不受干擾的環境下自然產生。前段提到的獅子、老虎和人類女子的遭遇，都在求生存，但不同的是，獅子和老虎受到人為的干擾，讓牠們失之防備而喪命；人類女子則因為成為母親而更加堅強。

同為眾生，獅子和老虎的力氣比人強大，但在人類起了殺心下，牠們顯得弱小，而遭摧殘；人類女子則因為發自內心的愛而去對抗自然，故顯得強大。

此幅護生畫中的瓶花，原是置放於書齋中的裝飾，因主人在春回大地之時，賞春踏青去了，書齋在十天中有九天緊閉門窗，瓶花因此而乏人照料。花枝上的花萎敗零落，連葉子也飄零落盡。花枝似乎生機已盡，但是瓶中尚有水養著殘枝，在沒有人為干擾下，枝頭竟然再生新葉。

歡呼！被採摘的花，生時就已半失生機，在瓶中乏人照顧，反而生機再起。這是何等道理？無他，原來生在自然環境中的花枝，在人為環境中求生存，原本繁花落盡時，就該被人取出丟棄於地，令其真正死透，但因主人不在家，沒人理它，它反而掙扎求生，長出新葉。主人回家一看，瓶花跟先前不同，又有一番風景，看著憐惜，把新葉當成花朵，讓它在瓶中繼續生長。

這是天地好生的鐵證。獅子、老虎、人和花樹，生於天地間，大自然賦予其求生的本能，沒有人為干擾的話，自生自滅，合於天理，這即是天職。

荀子在《天論》中言：「不為而成，不求而得，夫是之謂天職。」意思是說，無所作為而自然生長，自然成就，不待求取而自然獲得，這就是天職。獅子、老虎被人殺害，意謂人替天行道，這有違天理，畢竟人不是天。在地震中救孩子脫困的女子，強大的力量，不是天，而是自發的，天不予干涉；瓶花在殘敗中努力求生，是自然，是天理，是天職。

萬物順其自然是天之職，人為干擾是與天爭職，豈是可為之事？

眠鷗讓客

入夜始維舟
黃蘆古渡頭
眠鷗知讓客
飛過蓼花洲
真山民

入夜始維舟，
黃蘆古渡頭，
眠鷗知讓客，
飛過蓼花洲。
真山民

／眠鷗讓客

「眠鷗讓客」，多美的一幅畫作，多美的一首詩！

畫裡，前景，也是此畫的主畫面中，繪的是一艘江南水鄉河渠中常見的烏棚船，在緩緩的江流中行駛著。一條槳，一位船伕，在月上柳梢頭時，將船滑向村社旁的碼頭邊。咿呀咿呀地搖櫓聲，及黑鴉鴉的船身，驚起一群已然入睡的鷗鳥。

烏棚船，常作為載客往來於兩地間的交通船。這種船，現在已裝上馬達，載著遊江南的旅客，一覽水鄉勝景。可從前這種烏棚船，是完全靠人力搖槳前進的，船行速度很慢。

烏棚船，總在白天行駛；因為夜間視線昏暗，行進間若前方有急流，不易察覺，為安全計，也為船伕需要休息，船總會找個地方靠岸。船伕將船靠在渡船頭後，在甲板上升起爐火，簡單地做點飯菜，將就著吃。在船上安眠一夜，天明後再繼續未竟的行程。

畫中這艘船，入夜時分，泊靠在一處盛開著黃蘆花的古渡船頭。船泊岸時，驚起蘆花深處一群睡夢中的鷗鳥。鷗鳥沒怪罪客人吵醒牠們，還展翅飛過開滿水蓼花的沙洲，到別處尋求美夢，將古渡頭禮讓給遠來的客人。

好一個「眠鷗知讓客」，這是詩人善意且美妙聯想，詩人不是鷗鳥，卻能知鷗鳥心聲。

詩人是慈悲的，他的心好柔軟，他的想像好美麗，鷗鳥在他筆下成為知書達禮的謙謙君子，以客為尊，自動讓位；加上豐子愷筆下有情有義，才成就了這幅圖文意境皆美的畫作。

詩中，人類和自然界能如此和諧相處，是詩人賦予鷗鳥禮讓的美德，也因為船上的人沒有舉起彈弓，射落飛鳥，將鷗鳥生吞活剝地烤來吃。

人有慈悲心，鳥有讓客情，人鳥本是一家親。如此美好的情境，讓詩人和畫家一起捕捉這人間美景，這就是最美的文學和藝術情境。

「入夜始維舟，黃蘆古渡頭，眠鷗知讓客，飛過蓼花洲。」真是一首好詩，真是一幅好畫！

柳浪聞鶯

葉葉東風楊柳青，
青驄得得傍花行，
勸郎收卻金丸彈，
留箇鶯兒叫一聲。
陶月山　西湖竹枝詞之一

／柳浪聞鶯

「柳浪聞鶯」這幅畫，這首詩，寫的是名聞天下西湖十景中的一景「柳浪聞鶯」嗎？也是；因為子愷先生就住在西湖邊上，位於林和靖放鶴亭的對岸，亦孤山旁的巷子裡，每天一出門就見到西湖，畫他日日所見的美景，是當然。

也不是；西湖邊柳浪如海，如波，浪中、波中傳來陣陣鶯啼。定睛看去，那黃鶯兒的小身影，在柳絲中穿梭飛舞，宛若綠浪中的美麗小精靈。這景象，不僅西湖有，人們周遭的生活環境中，只要有柳樹的地方，皆能處處聞啼鳥。

「葉葉東風楊柳青」，原來是春天到了，吹面不寒的楊柳風，將葉芽兒催醒囉！小小芽兒彷彿接獲老天爺的命令一般，不約而同地拚命鑽出樹枝，從一丁點兒大，不消多久，竟已繁葉滿枝。看哪！那柳條兒，細細長長垂掛而下，似春燕那細長分岔似剪刀的尾巴；也像柔軟的情絲般，亂剪春風！撩拂得天地間處處春心蕩漾！

看哪！那波平如境的湖面上，映照著山光雲影，美不勝收。楊柳樹垂下纖細枝條，隨風款擺搖曳，真讓遊人迷醉哩！

此時，那柳樹的綠色波浪間，忽然聽聞一陣陣得得的馬蹄聲，不一會兒，出現一位騎士，他騎在一匹毛色青白夾雜的馬上，拂葉穿花而來。從他的氣勢和眼神上，就能看出他來意不善，因為他手上拿著一支彈弓呢。

騎在馬背上的人哪，勸你收拾起金丸彈，休要射殺鳥兒，讓黃鶯兒在柳浪中歡聲歌唱吧！「勸郎收卻金丸彈」這是詩人陶月山給那位騎士發出的警告，也是給所有想用彈弓打鳥的人的善意勸阻，為何要無緣無故殺生呢，「留個鶯兒叫一聲」讓如畫的美景增添情境，是人間美事喔！

多美的境界，圖和文都令人陶醉，在美好的湖光山色和柳浪中，還傳達了護生的美意。

天地好生

天地別無勾當只以生物為心如此看来天地全是一團生意覆載萬物人若愛惜物命也是替天行道的善事
朱熹

天地別無勾當，只以生物為心。如此看來，天地全是一團生意，覆載萬物。人若愛惜物命，也是替天行道的善事。

朱熹

／天地好生

天地之大，無與倫比，天地之心，該也是無與倫比，但理學家朱熹認為「天地別無勾當，只以生物為心。」可見朱熹是真正了解天意的儒學家。

其實儒、道、佛三家都信奉「上天有好生之德」這樣的理念。「天地之大德曰生」、「天地之道，博也厚也。」這些儒家語，都是在講「天人合一」的觀念。

人和萬物均生於天地間，天地公平以待的最佳方法，就是全都不加干涉，且全都給予最好的待遇，任其自然生長且生生不息。故天地之道既博且厚，是無私的，是一種完美的德性。

天有好生之德，看待萬物不分高下一視平等，也一體愛護，讓萬物各有所長，各自綿延，且彼此融合一體。

人，是萬物之一。人類的成長和學習過程，比一般動物時間來得長，因此人類的智慧較許多動物高些，身為萬物之靈的人類，若發揮智慧去思考，就能體仰天心，領悟天地有好生之德的心意，幫助天地一起來愛惜物命。人們若能做到這點，即是替天行道的善事。是最高的道德體現。

如此幅護生圖中，那棵斷枝的樹，人們若不去摧毀它，在天地的照顧下，來年他的傷口會癒合，生命會重現，痛苦會消失。

天地在運作，人們看不見，只在其運作完成時，見到成果。人們只知道靠著天地的運作，萬物能生成，這種天地運化是無形跡的，這就叫做「天功」。

天上列星不斷旋轉，日月輪流照臨大地，四時運行無誤，陰陽則能大化，風雨再來博施，令萬物各得其和以生，各得其養以成。人們魯鈍，不知天地之行事，只見天地造化後的成果，這即是所謂的神。天職既立，天功既成，形具而神生，好惡喜怒哀樂臧焉，是謂天情。

所以一句「天地好生」，看似簡單的四個字，其實包括多少天機天理，是人們所不知的。就像朱熹說的，人們只知天地一團生意的「覆載萬物」。

愚笨的世間凡夫俗子，不懂天之情，地之意，不要緊，只要能愛惜天地所創的物命，替天行道，即能成為天之驕子。

護生畫集圖文賞析〔四〕

天地好生

原　　作　豐子愷／畫　　朱幼蘭／書
作　　者　林少雯
主　　編　賴瀅如
執行編輯　陳瑋全
編　　輯　吳曉惠
美術編輯　林紫婕
封面設計　林紫婕

出版・發行　香海文化事業有限公司
發 行 人　慈容法師（吳素真）
執 行 長　釋妙蘊
地　　址　241新北市三重區三和路三段117號6樓
110臺北市信義區松隆路327號9樓
電　　話　(02)2971-6868
傳　　真　(02)2971-6577
香海悅讀網　www.gandha.com.tw
電子信箱　gandha@gandha.com.tw
劃撥帳號　19110467
戶　　名　香海文化事業有限公司

總 經 銷　時報文化出版企業股份有限公司
地　　址　333桃園縣龜山鄉萬壽路二段351號
電　　話　(02)2306-6842
法律顧問　舒建中、毛英富
登 記 證　局版北市業字第1107號

定　　價　新臺幣 310元
出　　版　2014年1月初版一刷
I S B N　978-986-6458-78-1
建議分類　文學｜藝術｜生命教育

國家圖書館出版品預行編目(CIP)資料

護生畫集圖文賞析.四，天地好生 / 林少雯著；
豐子愷畫. --初版 .--臺北市：香海文化,2014.1
面；　公分
ISBN 978-986-6458-78-1(平裝). --
225.87　　102027154